# 先生と子どもたちの本当にあった物語

齋藤 正健

# はじめに

それは紅葉が美しい季節でした。

この季節になると毎年思い出すエピソードがあります。それは私のミスから始まった子どもたちとあるご夫妻との素敵な交流です。

宮崎県の北部の山間にあるえびの高原は、霧島山の標高千二百メートルにある自然豊かな美しい高原です。この季節になると登山客でにぎわいます。

かつて、教師だった私も、子どもたちと一緒に遠足に行きました。そこで、思いがけないミスをしてしまった私は頭が真っ白になりました。ところが、そこに救いの神が現れたのです。その救いの神であるご夫妻との出会いから、たくさんの感動的な物語ドラマが生まれていきました。

このことは、第九章「私のミスから始まった三重のご夫妻との素敵な交流」で詳しくお伝えさせていただきますが、「教育とは愛のドラマ」だと子どもたちから教えてもらいました。

あれから約半世紀の年月が流れ、子どもたちを取り巻く環境も、先生たちが直面している教育現場の実情も、すっかり様変わりしています。

特に、スマートフォンの普及は新たな問題を生んでいます。クラスメイトからSNSを通したいじめを受けて不登校になってしまった子どもや、匿名の投稿者からの誹謗中傷で人格を否定された末に自死に追い込まれるなどの深刻な人権侵害も起きています。

スマートフォンはとても便利なので、正しく使えばこれほど生活に役に立つものはありませんが、その一方で、友だちと一緒にいる時でもスマートフォンばかりいじっている子どもをよく見かけます。子ども同士の心の交流がぐんと減っているようです。

私が教師として子どもに向き合う中で、常に頭に置いていたのが、学力のみでなく、心を育てること、そして、どの子にも生きる喜びを持たせることでした。子どもは将来の日本を担う大事な宝です。社会の一員としての自覚と誇りを持ち、いたわりのある社会をぜひ創ってほしいとの願いからでした。

そのために、「子どもとの心のふれ合いを図る」「人々の優しさ、ありがたみ、ご苦労などに気づかせる」を特に留意して、教育に当たってきました。

子どもと信頼関係を築くことは教育の出発点です。また「気づき」が子どもに自覚と主体的な活動を促し、生きた心の教育に繋がると思ったからです。

誰もが優しさと良さを持っています。その優しさと良さを引き出し、全ての人々を大事にし、明るく生きる人間を育てるのが教育ではないかと思います。

私の教職生活三十八年間は、保護者・ＰＴＡ・地域の方々、それに同僚教師の温かいお心や思いがけずに出会った方々の善意により感謝、感動の体験がいくつもあります。時が経てば経つほどそのありがたみを強く感じます。

教職生活を去って早二十年、忘れないうちに私の体験をまとめることにしました。私の記録が、教え子やお世話になったみな様へのご恩返しになり、そして、明るい社会づくりに少しでも役立つことになれば、これ以上うれしいことはございません。

令和六年六月吉日

齋藤　正健

# 発刊に寄せて

## 昭和の美談で終わらせたくない

私たちの多くは子どもの頃、「昭和」という時代に生きていた。
「昭和」と言っても一括りにはできないが、
教科書に墨を塗った子どもも
大阪万博で月の石を見た子どもも
機動隊に火炎瓶を投げつけていた若者も
みんな「昭和」の教育を受けて育った。
振り返ると、学校はそんなに楽しいところではなかったが、みんな子どもらしく、全力で駆け抜けたように思う。

あの時代には今の時代にないものがふんだんにあった。
遊具はないけれどそこそこ遊べる広さの空き地、
翌日には教室で話題になるテレビ番組、
半世紀過ぎた今でも忘れられないユニークな先生。

齋藤正健《まさたけ》先生の教師時代の一つ一つのエピソードを読んでいると
昭和の風景がありありと脳裏に浮かんでくる。
齋藤先生が受け持った子どもたちのような、
あんな素敵な経験はしなかったが、
自分もその風景の中に違和感なく溶け込んでいるように思えるのだ。

遠足での全体写真。齋藤先生のカメラのフィルム切れ。
困っていたら自分のカメラで撮ってくれた通りすがりの観光客。
その写真を後日、クラスの人数分焼いて学校に送ってくれた。
なんて素敵な出会いなんだ。
しかし、そこで物語は終わらなかった。
そこから始まった展開がすごかった。

夏休み、国体選手の控室になった教室。
選手たちがその教室に入ると、
黒板には齋藤先生からの激励のメッセージ。
その気持ちに選手たちは感動したのだろう。
二学期の始め、登校した子どもたちが目にしたのは
黒板いっぱいに書かれた選手たちからのお礼のメッセージだった。

そこから始まった次なる展開もすごかった。

一日一日をワクワクしながら生きていると、
次の展開が面白くなってくることを、
「齋藤正健劇場」で観させてもらった。
学校や教室という教育の現場で繰り広げられた真実の物語。
齋藤先生と子どもたちの温かい物語に私は泣いた。
今になって思う。
人生って誰かに伝えたくなる演劇のシナリオだったんだ。

この本を手にした小学校の先生たち、
この本の中の一つでもいい、
「やってみよう」ということがあったらやってほしい。

子どもたちはやがて未来を生きる。
未来に生きる子どもたちは必ず過去を振り返る時が来る。
そこに先生、「あなた」が登場してほしい。
想い出に登場する先生を「恩師」と呼べる人は幸せな人だ。

日本講演新聞編集長　水谷もりひと

◆目次

目次

## 校長時代の想い出

# 担任時代の想い出

# 一　外国の子どもたちとの図画の交換

　私が中学生のころから抱いてきた夢は、外国の人々と友だちになることでした。当時ベトナム戦争で罪なき人々が多数亡くなられて、戦争の残酷さを痛感していたからでした。みな同じ人間、だれもが大事にされなければなりません。このような考えから、宮崎県の小学校教員採用試験に合格した私は、インド大使館、フィンランド大使館、ガーナ大使館宛に次のような内容の拙い英文の手紙を出しました。今から五十八年前の一九六六年（昭和四十一年）三月のことでした。

「私は小学校の先生になります。あなたの国の子どもたちと図画の交換をさせていただきたいです。戦争は国同士の不信感から起こるものではないでしょうか。将来、国を担う子どもたちが、図画を通して友だちになれれば、少しでも平和な世界になるのではと思っているからです。お許しいただければ貴大使館へ出向き、このことについて相談したいです」

友だちからは、地方の一大学生からの願いだから、実現は無理ではないかと言われていましたが、数日後にインド大使館とフィンランド大使館から、それぞれ承諾の返信が届きました。訪問日は、インド大使館が三月二十三日、フィンランド大使館がその翌日です。夢のようでした。

この日まで十日ほどしかありません。宮崎大学を卒業した私は、早速、宮崎・東京往復の旅費作りに、大学新校舎建築工事の壁ふき（ペンキ塗装に備えてコンクリート壁面をペーパーで磨く作業）アルバイトを始めました。自分では気づいていませんでしたが、どうやら夢中で仕事をやっていたようです。何かを感じられたのでしょうか。工事の責任者が近寄って来られ、私にアルバイトの目的を訊ねられました。そして最終日に「あなたの夢が実現できるといいね」と言って餞別までもくださいました。ありがたくてなりませんでした。

東京には数回しか行ったことがありません。見慣れない地図を頼りに電車を乗り継ぎ、ようやくのことでインド大使館を見つけました。喜びと緊張とで大使館の玄関に向かっていますと、あごひげをはやした怖そうな守衛さんが近寄って来られ、私に英語で名前と訪問の目的とを聞かれました。そこで片言の英語で、大使館宛に手紙を出していると伝えますと、どうやら通じたようです。

予約日誌に目を通し私の話が事実だと分かると、今度は丁重に大使室へ案内されました。不在の大使の代理として応対された一等書記官に、私が尊敬するインド独立の父、ガンジーやネール首相のことを話しますと、表情が急にほころび手を固く握り締めてくださいました。そして、気持ちよく子どもの図画の交換を約束してくださいました。お話を聞くのも話すのも全てが英語でした。ジェスチャーを入れながら学んだ英単語や語句を思い出し、必死で聞き取り、話しました。

翌日訪れたフィンランド大使館では、大使自ら出迎えてくださいました。私にはヘルシンキ大学にペンフレンドがいること、その友だちが、「フィンランドは白夜の国である」「湖が多く、夏になるとその湖で大勢の人々が水泳を楽しみ、冷えた体を湖畔のサウナで暖める」など教えてくれたと言いますと、大使は大喜びでした。顔がたちまち紅潮し、私をぎゅっと抱きしめてくださいました。そして図画の交換を受け入れてくださいました。ここでも全てが英語でした。でも緊張よりもうれしさの方がずい分大きかったです。私を大使室に招いてくださったのですから。

その日からおよそ七か月後の十月、私の初任校である高千穂町立岩戸小学校に、

インドの子らと作品交換

青年教師の夢実る

岩戸小 近くフィンランドとも

宮崎日日新聞社掲載
1966（昭和41）年11月6日（日曜日）

インド大使館を通じて、インドの三歳六カ月から八歳までの子どもの絵十二点と、写真二十四枚が贈られてきました。私が楽しみにしていたことが実現されたのです。学校長や職員のみなさんは、国際理解に役立つ貴重な資料に驚かれました。そして全校の子どもたち

にも見せたいと、早速それらは廊下や図書室に掲示されました。先輩教師が前向きに受け止めてくださったことが、うれしくてなりませんでした。

休み時間になると、インドから届いた写真や図画を、先生にいろいろとたずねながら見つめている子や、それらを指さしながら、笑顔でおしゃべりしている子どもたちの姿が見られました。外国の子どもの図画や写真ということで、とても興味があったようです。子どもの世界でないと分からない驚きや楽しさもあったでしょう。

私は受け持ちの二年生の子どもたちに、教室で世界地図を広げて、インドの位置や大きさについて知らせました。日本から海を越えた遠い国であることや、日本よりずっと大きい国であることにびっくりしていました。その後、図画や写真の展示場所に連れて行きました。自分たちと同じ年頃の子どもの図画に興味深々でした。図画の感想を述べ合い笑顔になる子どもも見られました。きっと自分の絵と比べていたのでしょう。

女の子が何かに気づいたようです。にっこりしながら私に言いました。

インドのお友だちに送った子どもたちと保護者の集合写真

「先生、みんなかわいいね！　私たちの絵と似ちょるよ（似ているよ）」と。

私が待っていた言葉でした。

「そうだよ。良いことに気づいたね。インドの子どもたちも、あなたたちとかわりませんよ。うれしいことにはうれしいし、悲しいことには悲しいからね。お友だちになろうね」

私に話しかけた子どもも、おしゃべりをやめて私の話を聞いていた子どもたちも、頷いていました。インドの子どもが一生懸命に描いてくれた図画が、日本の子どもに大事なことを教えてくれたのです。

「どこの国の子どもも自分たちと同じ人間であり、友だちである」

ということを。

岩戸小学校からも、写真のほか、各学級から図画百二十点を集めてインドと共にフィンランド、ガーナに送りました。残念ながら、他の二か国からは図画が届きませんでした。フィンランド大使館からは、本校を訪れたいとのお手紙が来ましたが、都合によりそれもできなくなったとのお詫びのお手紙が届きました。

ガーナについては私の拙い英文でのお願いでしたので配慮も足りず、学校の希望も十分伝わらなかったのでしょう。ご迷惑をおかけしました。今、考えますと、インドの子どもとのさらなる交流を思いつかなかったことも悔やまれます。教師生活一年目の私は、学校生活の全てが初めてのことばかりでしたから、子どもたちや学校に迷惑かけずに過ごすということだけで精一杯だったのです。新米教師の思わぬ行動を支えてくださった先輩教師の心の広さを今、身に染みて感じています。心より感謝しています。国際理解の教育が叫ばれはじめたのは、ずっと後のことでした。

## 二　教え子とのツーショット

学級を受け持ったのは二十七年間です。新学期が始まりますと、いつもできるだけ早いうちに、子どもと私とのツーショットを私のカメラで撮ってまいりました。その数、七百人以上になります。進級すると、子どもは新しい担任に緊張しており、こわい先生かどうか不安に感じているものです。子どもとのツーショットの発想は、一日も早く緊張を解かせ、私に親しみを感じてほしいとの願いからでした。また、我が子と新担任との笑顔いっぱいのツーショットは、不安を感じている保護者に対しても良い印象を持たせてくれるのではとの思いもありました。抱っこや握手など学年や子どもの希望によってポーズが異なりました。

最初は教室周辺での撮影でした。自動シャッターで撮っていましたが、子どもたちが交代で写真を撮ったこともありました。どの子も初めての経験ですから、撮影時には真剣そのものでした。カメラを落とさないよう付属のひもを首にかけ、震える手でシャッターを押していました。

「シャッターを静かに押すんだよ。そうそう、上手よ。ありがとう!」「ちょっとぶれたかな。もう一度撮ってね。ああ、今度はうまくいったよ。ありがとう!」

大事な記念写真のツーショットです。声は優しいものの、私もしつこく子どもにお願いしました。それでも、出来上がった写真を見ると、少々ぶれたり、中心よりずれたりしているものもありました。

年月の経過と共に白黒写真からカラー写真に替わっていきました。また、いつの間にか写真の中にその子の一年間の目標を入れるようにしました。道徳の授業の時に目標を考え、画用紙にマジックでその言葉を書いて、ツーショット撮影の時にその用紙を黒板に掲示して撮りました。校庭で撮ったこともあります。鉢植えの花を前に並べ、横に目標を押しピンで貼り付けた椅子を置き、うさぎを抱っこして椅子にちょこんと座って。後方には椿の花が咲き乱れています。

移動用の小黒板に掲示することにより、どこでも目標入りのツーショットが撮れるようになりました。学校の近くのピンク色に染まったレンゲ畑に出かけ、甘い香りとミツバチの羽音に包まれながら写真を撮ったこともあります。シロツメグサの花を見つけた女の子たちが、その花でかわいい冠を作り、私の頭に乗せてくれました。照れ気味の私と笑顔の子どもとのツーショットになりました。

写真はいつも二枚ずつプリントしました。一枚は私のもの、一枚は子どもへのプレゼントです。写真をもらった子どもたちは喜んで家に持って帰りました。翌日、多くの保護者からお礼のコメントが届きました。ツーショット写真がどうやら保護者に安心感を与えたようです。

「今度は私が先生を抱っこして写真を撮ってやるが（撮ってあげるよ）！」

数十年後にたまたま出会った教え子から、こんなことを言われました。ツーショット写真を今でも大事に持っている教え子がいたようです。

## 三　家庭訪問での子どもの作文

家庭訪問先のお宅で、私はいつも子どもたちに保護者のそばにいてもらうようお願いしてきました。子どもの目の前で、保護者のみなさんにその子が学校で頑張っている様子などを話しますと、子どもたちが翌日から見違えるほど明るくなるからです。きっと保護者からほめられたのでしょう。心身ともに健やかな子どもに育てるには、保護者と教師が一体となり、ほめて支えていかなくてはなりません。その大事な場が初対面となる家庭訪問だと教員生活を続けるうちに強く思うようになりました。明るい雰囲気で、お互いにためになる家庭訪問にしたいといつも思っていました。

家庭訪問が間近に迫ってきました。私は国語の時間を使って子どもたちに作文を書いてもらいました。

「どこのお家でも先生は二十分ほどしか一緒にいることができません。せっかくの機会ですから、みんなの家について、できるだけたくさんのことを知っておきたいです。お家のことや学校の行き帰りのことなど、この用紙に書いて教えてくださいね」

受け持ちの先生による家庭訪問は、子どもにとって新学期最大の関心事の一つのようです。家庭訪問に出かけますと、自宅周辺を行ったり来たりして受け持ちの先生の訪問を待ちわびている子どもの姿をよく見かけました。作文を書いてもらったのは、限られた時間を有効に過ごし、子どもや保護者と親しくなりたいという願いによるものでした。それと同時に、子どもたちに作文の楽しさを知ってもらおうとするねらいがありました。こうした文章を書く時には、子どもたちの作文に対する苦手意識が吹き飛ぶものだからです。

「自分の先生に」「ぜひ知らせたい」という熱い思いで、どの子も時間が経つのも忘れて、夢中で書き綴っていきました。

「遠足の前の日に、明日天気になあれ!と思いっきりくつをけり上げたら、くつが抜けて田んぼに飛んでいきました。その道を先生は通ります」「家の近くの坂道の所に、ミツバチの箱が置いてあるので気をつけておいでください」「家に生け花がありますが、ぼくが生けたものです」「家の後ろに亡くなったおばあちゃんが自慢げに話してくれていた大きな古いかしの木が立っています。先生、ぜひ見てください」

お米作りや野菜作りで、朝早くから夕方暗くまで仕事を頑張っている親の姿など、家族について書かれた作文もたくさんありました。その中で家族の年齢の合計を知らせる作文もありました。家族構成から考えると、どうしても年齢がオーバーします。何と飼っている犬や猫、鶏の年齢まで加えてありました。作文を読んでみて、子どもたちが私の訪問をどれほど楽しみにしているかがよく分かりました。

「お子さんを今年受け持たせていただいています齋藤です。一年間、どうぞよろしくお願いします。これはお子さんが書かれた作文です。一生懸命に書いてくれました。気持ちのこもった良い作文です。ご家族のみなさんにも聞いていただきたいと思います。今から読ませていただきますね。本当に本当に、良いお子さんですね！」

子どものそばで、正座をして、一語一語かみしめながら心を込めて読んでいきますと、保護者の表情が見る間に和らぎ、顔に笑みが浮かびました、聞きながら、目に涙をためる保護者もいらっしゃいました。子どもの作文が私たちの緊張を解きほぐし、うれしい出会いをつくってくれました。

## 四　とっておきの修学旅行

六年生になりますと、一泊二日の修学旅行があります。この日が近づくと、子どもたちの話題のほとんどが修学旅行です。小学校時代の一番の楽しみのようです。修学旅行は親への不平不満が多いこの時期の子どもたちに、保護者のありがたみに気づかせる絶好の機会ではと思います。こう子どもたちに話したことがあります。

「いよいよ明日から修学旅行だね。バッグや靴、旅行費用も準備してくれたお父さん、お母さん、お金がずい分かかったことだろう。お礼の手紙を書いてはどうだろうか。バスが出る前に、見送りに来られたお母さん方にあなた方の手紙を一人ずつ手渡そうと思うんだが……」

この提案に、どの子もすっかり乗り気になりました。修学旅行に行ける喜びと、親としばらく別れる際での担任から親への直接手渡しが気に入ったのでしょうか。しばらくすると鉛筆を握る手に力が入ってきました。反抗期に入り、いろいろと注意する親をうっとうしく思っていた子どもまでも夢中になって書いています。仕事から疲れ切って帰ってくる父親の姿や、一緒に買い物に出かけ自分の希望を聞きながら高価な品を財布からお金を出して買ってくれた母親の姿などが、文章を書き進めていくうちに目に浮かんできたのでしょう。親のありがたみが身に染みて分かってきたようです。今まで思いもしなかった親の頑張りや深い愛情に気づきお礼を述べている文章がいくつもありました。お土産を楽しみにしていてくださいとの言葉がいくつも見られました。

修学旅行の朝がやってきました。子どもを車で送ってきた保護者が貸し切りバスの方を見つめています。

「それでは今から出発します。その前にお子さんからの手紙をどうぞ！　一生懸命に書いていましたよ。○○君のお母さん！　○○さんのお母さん！……」

我が子からの予期せぬ手紙に大感激で受け取る保護者の姿を、バスの中から子どもたちはじっと見つめていました。

私は六年担任として子どもを引率して何度も一泊二日の修学旅行に行きました。その中で、今でも忘れられない想い出があります。

ホテルでの夜の出来事でした。子どもの一番の楽しみは友だち同士で枕投げをしたり、夜遅くまで怖い話をすることです。でも先生から見つかったら叱られます。ですから私の見回りは子どもたちからおっくうがられるのが常でした。突然の私の部屋の見回りに顔色を変え、あわてて枕投げをやめたり、眠ったふりをしたりするグループがよくありました。いやがられている様子がよく分かりました。

でもこの日はだけは違いました。男の子たちの部屋を訪れますと、子どもたちが私を待ち構えていたのです。明るい子どもたちです。私をびっくりさせてみたかったのでしょう。

子どもたちは、笑顔で言いました。

「先生、もう一度ぼくたちの部屋に来てください」

思いがけない言葉に私はびっくりしました。

一時間ほど経ち、再度部屋を見回りに行きますと、入り口の上り段にメモ書きのようなものがちょこんと置いてありました。「ぼくたちの枕もとをごらんください」と。部屋に入った私はもう少しで涙が出るところでした。

「先生、今日はグループで行動するという決まりを守らずに迷惑をかけました。すみません。明日は注意されないようにします。〇〇より」「今日は動物園でいろいろな動物を見たり、お店で好きな買い物ができたりしてとても楽しかったです。先生ありがとう。明日もよろしくお願いします。〇〇より」「ぼくたちの心に先生がいる。先生の心にぼくたちがいる。これを取っていってください。〇〇より」

こんな言葉が書かれたメモ用紙が、ちょこんと枕元の横に置いてあるのです。天井からつるされている電灯が揺れていました。私が来るのを今か今かと待っていたことが分かります。私はそんな子どもが愛おしくてならず、「ありがとうね！」とお礼を言って回りました。

翌日のことでした。帰りのバスが学校の近くに来た時に、一人の子どもが突然、私にこう言いました。

「先生、僕たちが書いた運転手さんとガイドさんへのお礼状を今、バスの中で読んでもいいですか」

「えっ？　ガイドさんに聞いてごらん！」

ガイドさんから許可をもらった男の子が、揺れるバスの中で姿勢を保ちながらマイクを握り締め、お礼状を読み上げました。代表が読み終えると座席に座っていた子どもたちみんなから大きな拍手が送られました。

「こんなことは初めてです」と運転手さんもガイドさんも涙をポロポロこぼして、喜んでくださいました。

運転手さんの笑顔とガイドさんの明るく楽しい案内とで、一日目の朝からバスの中でも、バスから降りた見学の時でも、子どもたちが楽しく過ごせたからでしょう。どの子も運転手さんとガイドさんの優しさをほめ合っていました。そんな気持ちがお礼の言葉へと結びついたに違いありません。私が気づかないうちに、みんなで話し合って書いていたのでしょう。

子どもの思わぬ優しさに私も目頭が熱くなりました。笑顔の子どもたちをバスの座席から見回しながら、こう言いました。

「最高の修学旅行になりましたね、みなさん、本当にえらいですね！」

## 五　大好評の誕生日プレゼント

小学校の勉強に学級活動という集団活動の時間があります。望ましい人間関係を形成し、集団の一員として学級や学校におけるより良い生活づくりに参画し、諸問題を解決しようとする、自主的実践的な態度や健全な生活態度を育てるのがねらいです。

私はその時間を使って、月一回の誕生会を開いてきたことがあります。毎月、月の半ばに行うのが恒例でしたが、新学期の四月生まれは後半にずらし、夏休みに入る八月生まれは七月生まれと一緒にするなどの工夫が必要でした。

誕生会はどこの学校でも見られる活動です。教師が指導する教科学習と違って子どもたちの自主的活動の時間です。係の司会進行で、お祝いの歌「ハッピーバースデートゥーユー」を歌うことから始まり、誕生者の紹介、誕生者の言葉へと進んでいくのが常でした。

　この誕生会をもっと有意義なものにしようと思い、当時受け持っていた五年生の子どもたちに提案しました。

「みなさんは誕生会係を中心に、誕生日を迎えたお友だちを心からお祝いしているね。お友だちはうれしいだろうなあ。見ていてジーンとくるよ。そこで、ちょっと思いついたんですが、みんなで誕生者の良い所をカードに書き、それをプレゼントしてはどうだろうか」

　子どもたちは私の提案に賛成してくれました。友だちからほめてもらってうれしくないはずはありません。さっそく次の誕生会からカードのプレゼントづくりをすることになりました。

　このようなことを思いついたのは、担任していたクラスで子どもの発言が少なく、声も小さかったこと、友だち同士の遊びに加わることのできない子どもがいることなどが気になっていたからです。どの子も必ず良い所をもっていますが、自分の良さには気づかずに自分の短所ばかりに目を向けているのです。学力や体力などが友だちより劣っていることを気にして自信をなくしているのです。友だちからその子の良い所を見つけてもらい、ほめてもらえばきっと元気が出るだろう、そして学級ももっと明るくなるのではと思ったからです。

誕生会係から配られた短冊用紙（Ａ四用紙を八つに区切って作ったもの）に誕生者の良い所や感心していることを書きました。小さな学校で、一学年に一クラスしかありませんでしたので、子ども同士、お互いのことをよく知っていました。登下校中でのことや、遊びでの出来事など、私が知らなかったことが、たくさん書かれてありました。自分が書いたコメントで仲の良い友だちが喜んでくれるのを楽しみに、一生懸命に書いたことが伝わってくるようでした。

みんなが書き終わると誕生会係がそれらを集め、準備していたかわいい表紙付きの無地の冊子に一枚一枚丁寧に貼り付けました。大きな拍手とともに、真心のこもった友情のプレゼントが手渡されました。どの子もにこにこしながら受け取っていました。

プレゼントをもらった子どもは、翌日の朝の会でみんなの前に立ち、うれしそうに感想とお礼を言いました。それを聞いて、みんなは大きな拍手を送りました。家に帰ってから、書いてもらった言葉を繰り返し読んだに違いありません。家族に読んで聞かせて、ほめてもらったのかもしれません。

プレゼントを読んだことが子どもたちにとっては大きな励みになったようです。そして、友だちが自分のことを大切に思ってくれていることや、いつも自分を見守ってくれていることがよく分かり、身に染みてうれしかったのだと思います。

自分の良いところに気づいて自信がついたからでしょうか、授業中の発言も増え、生き生きと自分の意見を述べる子どもが多くなりました。天気の良い日にはお昼休み時間になると教室は空っぽになりました。運動場で友だちと夢中になって遊ぶ姿が見られました。

## 五年生の感想文から

「みんなにほめられたような感じがした。これからももっともっと友だちを大切にしようと思う」「みんなきっと私の長所をかく時なやんだと思います。私は短所ばっかり……。でも『明るい』というのはあっているかもしれませんネ。その他『やさしい』『しんせつ』などあったけど本当にそうなのかな？　でも、やっぱり『やさしい』とか『しんせつ』といわれるとうれしいナッ！　こんどからも、たーくさんたーくさん　ほめられるようにがんばります」

「……みんなが私をこんな目で見てるんだなあと初めて思った。（もっとがんばらないとな）とドキドキしてきた。それから、なんとなくファイトが出てきた。もっと、自分の長所をふやそうと思う」

誕生日を祝ってもらった子どもは、自分が書いてもらってうれしかったことのお返しとばかり友だちの誕生会には、相手の良さを、いつもより一生懸命に考えて、特別丁寧な文字で書いていました。短冊にしたことで、文章の苦手な子どもでも端的に気持ちを伝えることが出来ました。他学年でも、他校でもこのような誕生会を実施しました。

## 六　モミジの下での健康観察

学校での一日のスタートは、子どもの健康観察から始まります。健康観察は子どもたちの出欠を確認し、その日の健康状態を調べるために行うものです。いつもは教室で行うのですが、その日は校庭に出て行うことにしました。

秋が深まり、運動場の周囲に植えてあるモミジやイチョウが紅葉し、落ち葉が赤や黄色の豪華なじゅうたん模様を作っていたからです。私はそのあまりの美しさに心を奪われました。人間では決して真似できない自然が織りなす圧倒的な美しさです。恵まれた自然の中にいる自分たちの幸せを子どもたちにじっくりと感じ取ってほしいと思ったからです。

「さあ、みなさん、校庭に出てください。今朝の健康観察はモミジの木の下だよ」

予想もしていなかった私の言葉を聞いて、子どもたちは大喜びです。狭い教室を飛び出し、先を争うように校庭に向かって走って行きました。

「モミジを見てごらん！」「目をつぶって……耳をすまして……」「向こうの霧島連山を見てごらん！」

風が少し吹いただけでも子どもの目の前で紅葉したモミジやイチョウの葉がヒラヒラと舞い降りてきます。子どもたちから歓声が上がりました。舞い降りる葉に手を差し出す子どもや、きれいな落ち葉を自分の宝物のように、そっと拾い上げる子どももいました。

かなたにのぞむ霧島連山も朱色や黄色の美しい姿を見せています。近くで小鳥の鳴き声も聞こえてきました。五年生の子どもたちは、紅葉の美しさと自然のすばらしさに改めて心を動かされたようでした。

「おはようございます！　朝の歌を歌いましょう！」

「まっかだな、まっかだな　つたの葉っぱが　まっかだな　もみじの葉っぱもまっかだな……」

「では、出席をとりますよ、元気な声で返事をしてね」

一人ひとり子どもの名前を呼び上げると、にこにこしながら、元気いっぱいに返事をしてくれました。教室という狭い空間から解放され、広い校庭で自然の美に包まれた時間を過ごすことで、子どもたちにとってはとびきりぜいたくな健康観察だったに違いありません。

教室にもどると私は子どもたちに言いました。

「さあ、校庭のモミジの下で感じたこと、思ったことをこの用紙に書いてごらん。一時間目の授業を始める前に、五分以内で書いてくださいね」

自然に恵まれたえびの市の秋の朝を満喫できたせいでしょう、どの子もさわやかな表情ですらすらと鉛筆を動かし始めました。文章には、今朝の体験が素直な表現で生き生きと書かれていました。

## 子どもの作文から

「もみじを見てごらん。真っ赤になった。葉っぱが音をたてないで、おちてるよ。きれいだな。かわいいな。いちょうを見てごらん。黄色く、きれいにそまった葉っぱが、地面に、ゆっくり、ゆっくり、落ちてくよ。美しいな。やっぱり自然って美しい」

「もうすぐ秋が終わる。ぼくは外に出た。そしたら大自然のどまん中にいるようだった。もみじの葉が赤から黄色にかわって風がふくたびに泣いているようだった。それをぼくはそっとむねのおくにしまった」

「鳥の声は、鳴き鳴きひびく　ピピッピピ。風はさわやか　ヒュルリ、ヒュー。落ちゆく落ち葉　サラ、サラ、サラ、サラ。秋は、感動がいっぱい」

## 七　友だちの話から生まれたかわいい紙芝居

私が勤務していたえびの市立上江《うわえ》小学校では、学期一回、体育館に全校児童が集合し、紙芝居集会が開かれていました。学級で作った紙芝居をみんなに披露するのです。文章や絵の表現力、そして発表力の向上が主な狙いでしたが、この行事は子ども同士が仲良く協力し合う望ましい学級作りにも役立っていました。

紙芝居を作るのは大変です。先ずは、どのような内容の紙芝居にするかを話し合わなければなりません。それが決まったら、場面の数や分担です。体育館は広いので紙芝居集会を成功させるには大きな絵を描いて準備し、大きな声を出して話さなければなりません。ですから、発表の順番がきた学級はとても緊張します。どの学級も総力を上げて紙芝居作りに取り組んでいました。

私が受け持っている二年生の出番がやってきました。みんなが紙芝居作りに喜んで取り組むような題材を探していますと、かわいい話が転がり込んできました。

道徳授業で動物愛護の勉強をしているときのことでした。一人の子どもが、自分の飼っているかわいい子猫の話をしてくれたのです。子どもたちみんなの興味をひくような、素敵な話でした。
「先生、あのね、ぼくの家にはかわいいねこがいるよ。朝になるとニャオー、ニャオーと鳴いて、ふとんのところにやってきてね。鼻でぼくの顔をくすぐるのです。ぼくは毎朝ねこに起こされるんです。ぼくが学校に行く時には、茶園から出てきて木戸までついてくるんです」

「やあ、こりゃ、いいお話だ。かわいいねこだね。ねっ、ねえ、もう少しくわしく聞かせてよ！　そのねこ、どうしたの？」

「ぼくのお父さんがよそのおじちゃんからもらってきました」

「いつですか？」

「夏休みです」

「どんな色をしていましたか？」

「黒色です。だからクロと名づけました。今ではぼくにとても馴れ、学校からぼくが帰ってくるとニャオー、ニャオーって鳴いて出てくるんです。勉強をすませるとクロと砂場であそびます。夕方、ぼくたちがこたつに入っていると、クロがこたつの中に入ってきてみんなのひざの上に乗るんです」

「やあ、これはかわいい！　それからどんなことがあったの？」

「クロがいなくなった時がありました。さがしていたらクロが線路の上をわたっていました。でも、その時、汽車が通り過ぎました」

「そりゃ、大変だ！　クロはひかれそうになったの？」

「……」

「クロはぶじだっだのかい？」

「しばらくいなくなったんです」

「一体、どうしたのだろう？」

「さがしたけど見つからなかったんです」

「……」

「でも、次の日に見つかりました」

「そうなんだ、よかったね！　クロはひかれてなかったんだね」

「そうなんです、おばちゃんがうら山の木の下にいるのを見つけてくれたんです」

「クロは汽車にはひかれていなかったのね。おばちゃんが、うら山の木の下にいたのを見つけてくれたのね。よかった！」

思っていた通り、私とねこの飼い主のりょうじ君との話のやり取りを、子どもたちは興味深々で聞いていました。友だちの家で起きた本当の話です。みんなが好きな猫の話です。しかも、めでたし、めでたしで終わります。

「りょうじ君が聞かせたお話を紙芝居にしたらどうかな？」

「はい！」

あっという間に題材が決まりました。子どもたちは意欲満々でした。こうして、学級の子どもたち全員での紙芝居作りが始まりました。りょうじ君の話を八つの場面で構成し、二十七人が自分の好きな場面のお話を作りました。

一　ねこをもらってきた時の様子（七人）。
二　朝の様子（五人）。
三　学校へ行く時の様子（二人）。
四　学校から帰った時の様子（二人）。
五　夕方の様子（三人）。

六　ねこがいなくなった時の様子（四人）。
七　おばちゃんにたずねた時の様子（二人）。
八　ねこを見つけた時の様子（二人）。

どの子も夢中です。一人ひとりがその場面を思い浮かべ、二百字ほどの原稿用紙に会話を入れてお話を作りました。それらを持ち寄り、みんなで話し合って物語をまとめていきました。その後、広い模造紙にクレヨンで絵を描きました。やがて素敵な紙芝居がで出来上りました。全校の子どもたちの心を虜《とりこ》にするようなかわいいお話でした。

二年生発表の紙芝居集会は大好評でした。紙芝居作りを通じて学級が一つにまとまりました。そして、子どもたちみんなに立派に作り上げた喜びと自信を与えてくれたのです。

紙芝居集会だけではもったいないので、一冊の本にすることにしました。お話を手書きでまとめます。それらをコピーし、その用紙に紙芝居の写真をのり付けします。写真を撮るのはもちろん、担任の私です。子どもたちが苦労して描いた絵ですから、写真をうまく撮らなければなりません。とても緊張しました。天気の良い日を見計らって実行しました。絵にしわができているので、それらを伸ばして真正面から撮らなければなりません。しかも、日光が絵全体に当たるのが条件です。あれやこれやと試みた後、テラスの上に絵を広げ、階段の上から自分の影が絵に落ちないように注意しながら、息を止めてそっとシャッターを押しました。

八つの場面の写真を三十枚ずつ焼き増ししました。二十七名の子どもと私用、それに予備が二冊の計三十冊分です。この製本作業を、学校参観日の学級懇談会の時に保護者にお願いすることにし、学級通信でそのことを家庭に連絡しました。

「……明後日の参観日の学級懇談会（三校時）に製本作業をしてもらいます。紙を折って写真を貼り付けるという簡単な内容です。わが子がきれいに色をぬった表紙をつけて一冊の本にします。懇談会は本を作りながらのおしゃべり会。思うだけでも楽しいじゃありませんか……」

当日は保護者のほとんどが学校に来られました。その日は子どもたちもいつもとは違って元気いっぱいでした。子どもたち全員が元気に手を挙げて発表する授業を参観されたのです。その後、ホッチキスでとめて製本してくださいました。二年生のお友だちの実話に基づくかわいいお話本がこうしてできました。子どもも保護者も嬉しい一日になりました。下校時に、出来上がった手作り本を子どもたちに渡しますと、とてもうれしそうに手にしました。

ええつ、もちろん、クロ猫の飼い主のりょうじ君は大喜びでした。紙芝居と本作りで、「りょうじ君とこのクロ」は、みんなの注目の的になりました。一九八四年（昭和五十九年）のことでした。

# 八　宮崎国体が縁での素敵な交流

## 第一部　信州大学弓道部のみな様との出会い

一九七九年（昭和五十四年）に宮崎国体が開かれ、私の勤務地のえびの市では弓道大会が行われました。その一年前の夏休みに、えびの市で国体のリハーサルを兼ねた全日本勤労者弓道大会があり、私が勤務する飯野小学校の各教室は選手の控室になりました。一学年三クラス、計十八クラスがありますが、そのほとんどが全国から集まってきた選手たちの控室になったのです。当時四年三組の担任であった私は、一学期の勉強が終わり、子どもに通知表を渡して下校させた後、教室後ろの小黒板に選手のみなさん宛にちょっとした激励文をチョークで書いておきました。子どもがいないにしても、教室使用に気をつかわれるはずだと思ったからです。

「むさくるしい教室ですが、ご自由にお使いください。ご健闘をお祈りしております。担任より」

大会が終わった数日後、登校日の教室に入った私は胸が熱くなりました。白や黄色のチョークで正面の黒板いっぱいに、お礼の言葉や子どもたちへ励ましの言葉が書かれてあったからです。いずれも力強く！　しかも丁寧に！　私の教室を使用された選手団からのものでした。

「みなさんお世話になりました。よい子になってください。岡山県……」

「四年三組のみなさん、大変お世話になりました。信州大学弓道部一同」

「斉藤先生のクラスのみなさん、お元気ですか。二学期も頑張ってください……」

登校してきた子どもたちは、黒板の文字にどの子も驚き、日焼けした顔をほころばせながら、うれしそうに何度も何度も見入っていました。

そしてさらに、二学期を前にしたある日、長野県から、ぱんぱんに膨れた分厚い封筒が届きました。

「私たちは先日お世話になりました信州大学の者です。この前は本当にありがとうございました。生徒のみな様にくれぐれもよろしくお伝えください。野辺山高原のことを勉強されておられる様子ですので参考になりましたら御使用ください」

教室を使われた信州大学の選手のみなさんからのものでした。大学や附属病院、附属小学校に勤務される方々でした。封筒の中にはお手紙と共に、野辺山高原に関する絵はがきやパンフレットなどがぎっしり入っていました。教室につるしてあった野辺山高原の掛図に気づかれたのでしょう。夏休み明けの子どもたちへの思いもよらないプレゼントでした。子どもたちは大喜びです。うれしそうにそれらを手にする子どもたちの姿が、今でも目に浮かびます。

子どもたちは、まだ見ぬ選手たちに会えることを楽しみにプレゼントへのお礼状を書きました。そのお礼状に子どもの文集や学級写真を数枚添えて、信州大学に送りました。教室が選手たちの控室になったことが縁で、信州大学の選手のみなさんと素敵な交流が始まったのです。

子どもたちがあまりに気持ちのこもったお礼状を書いていましたので、全員分をコピーしてえびの市の国体推進本部に届けました。国体を成功させるためにご尽力

朝刊（宮崎日日新聞）　1979(昭和54)年1月10日（水曜日）　13頁

飯野小よい子　温かい心の交流　信州大学弓道選手

国体で会いましょう

「お兄さんたちを応援」

教室使用礼状がきっかけ

交流のきっかけになった黒板と飯野小4年3組の児童たち

宮崎日日新聞社掲載　1979（昭和54）年1月10日（水曜日）

いただいている関係者のみなさんに、少しでも励みになればと思ったからです。市当局が、新聞社に知らせたのでしょう。宮崎日日新聞に、子どもたちと信州大学の選手たちとの手紙のやりとりが取り上げられ、写真入りで大きく報道されました。子どもたちは大喜びでした。保護者からも喜びのお便りがいっぱい届きました。

「じいちゃんもばあちゃんもメガネの奥から孫の姿を一生懸命さがしていま

した」

「新年早々、県民のみなさんに読んでいただけて最高だったと思います。宮崎の友人からも電話があり、この時ばかり、大いに宣伝しておきました。早速切り抜き、四年の思い出として大切にとっておきます」

「新聞に自分の子どもたちの事が書いてあることは親としてもほこりになります。四年三組のみな様、ガンバレ！」

「うれしいニュースでしたので切りぬいてアルバムにはっておきました。こうした事が子どもたちの心の成長になってくれる事と思います」

昭和五十四年一月十日のことでした。

一月二十九日に信州大学から子どもたちのお礼状に対する返礼の手紙が届きました。その数日後には、「野尻湖のナウマンゾウ」の本が贈られてきました。野尻湖の湖底でゾウの臼歯（化石）が発見され、そのことで日本にもゾウが生息していたことが分かりました。「野尻湖のゾウ」の話は国語の教科書にも載っていましたので、子どもたちは大いに興味をそそられました。当時ナウマンゾウと野尻湖人のなぞを解くために野尻湖発掘調査が行われていました。そのチームを率いておられた信州大学理学部の郷原保真教授のご好意をいただいたものでした。いただいた本のなかではナウマンゾウやオオツノシカなど大昔の生き物たちの化石がぞくぞく出ている発掘現場の様子が紹介されていました。発掘されたたくさんの化石を見てどの子も目を丸くしていました。

二月になって今度は長野県弓道連盟信州大学支部長の安田齊《ひとし》教授からお便りをいただきました。次のように書かれてありました。

「……何かと精神面に欠けたところのある現在の世相、しら気ムードの強い人間関係、こんな中で、このような心温かい交わりが起こり、そして、これが深まっていくことは、やはり御地方の方々の温かい心情と、加えるに四年三組の先生をはじめ、貴小学校の教育の底力によるものと信じ、深く敬意を抱く次第でございます。この交わりの火を消すことなく、ますます明るいものにしていけますよう願って止みま

第155号
広報
えびの
飯野小と信州大を結ぶ心の交流
昨年の全勤弓道選手権が縁で

広報えびの
1979（昭和54）年9月号（第155号）

せん……」

安田教授ご自身の著書『花の色の謎』（東海大学出版会）が同封されていました。

三月八日に再び、安田教授から大きな封筒が届きました。中には長野新聞が入っていました。

「……その後、先生はじめ四年三組のみなさん、お変わりございませんか。当方一同元気でおります。さて、昨年から続いております交流のことがこちらの新聞にものりました。同封しているものがそれでございます。……こちらでも大変うるわしいニュースというところで周囲から祝福されております。クラスのみなさんにもこの新聞を見せてあげてください。新聞にも書いてありますように、何とかしてもう一度錦地を訪れてみなさん方にお目にかかり、お礼を申し上げたいと思っております。その日を楽しみに待っています……」

教授の温かい心に頭が下がります。翌日、この新聞のコピーを子どもたちに配りました。

子どもたちは信州大学の弓道選手たちに会えるのを、ずっと楽しみにしていたのですが、国体開催までに二か月にせまってきた八月、五年生になった旧四年三組の子ども宛に残念な手紙が届きました。

「国体には、私たちよりもっと弓の上手な選手が代表になりました。お会いすることが出来なくなって残念です。これまでいろいろと本当にありがとうございました。長野県選手団をどうぞよろしくお願いします」

お別れのあいさつとともに、子ども一人ひとりに宛てて、安田教授から弓道選手十名の署名の入った色紙が贈られてきました。教室に言葉を残してくれた選手たちでしょう。「和」「夢」「賢」「心」「美」などの文字を中心に、次のような温かい言葉が書いてありました。

「真実一路、いつの日も明るく強くたくましく」「美しい心の花をいっぱい咲かせてください。そして、自分の願いに向かってつき進んでください」

色紙にはそれぞれに、宛先の子どもの名前が書かれてありました。真心に満ちたこの色紙は子どもたちの宝物となりました。

## 第二部　弓道長野県代表選手との出会い

えびの市で国体弓道大会が始まったのは十月十五日でした。競技は飯野小学校から数百メートル離れたえびの市民体育館で行われました。飯野小学校は「遠的競技」の練習場になりました。その一週間前に、飯野小学校は全校をあげて応援の寄せ書きを作りました。全国から集まってくる選手を激励するためです。約五十メートルにわたるフェンスに、子どもたちの応援の寄せ書きが掲げてあるのを見て、競技場と練習場を行き来する選手たちは、とてもうれしそうでした。

競技が始まる数日前の夕方、私は、一年前に受け持っていた子どもたちを連れて、長野県弓道選手団（総勢二十名ほど）の宿舎を訪問しました。保護者も多数参加し、車で相乗りして行きました。学校から数キロ離れた温泉地です。宿舎には、あらかじめ連絡し、選手と会えるようお願いしていました。選手のみなさんは、遠い地での思いがけない訪問に驚きながらも、大歓迎してくれました。

信州大学弓道部との交流の経緯を説明し、子どもたちを連れてご恩返しの思いで、激励にやってきたことをお話ししました。選手のみなさんは、とても喜んでくれました。私たちと選手たちの間で、長野県のこと、宮崎県のこと、弓道のこと、えびの市のことなど、次々と話がはずみ、大いに盛り上がりました。子どもたちと選手たちは、いつの間にか友だちのようになっていました。信州大学の弓道選手団ではありませんが、みなさんにお会いできたことに私たちの誰もが感激しました。

国体の本番が近づいてくると、飯野小学校の運動場は、全国からきたカラフルなユニフォーム姿の選手たちで賑やかになりました。大会関係者や報道関係者も見られました。私はその時受け持っていた六年生の子どもたちを引率して、練習の様子を見学しに出ました。選手たちは姿勢を正し、口をきゅっと締めて、遠方の的をじっとねらいます。辺りにはピーンと緊張が張り詰めます。矢が弾丸のように的に向かって飛んでいきます。命中した矢は、的にまっすぐに突き刺さります。子どもたちは弓道選手の真剣さに圧倒されたようでした。

昼休みになると、子どもたちは運動場に出て、選手に挨拶したり、話しかけたりしていました。宿舎を訪ねた子どもたちは、長野県の代表選手を見つけて、楽しそうに話をしていました。あっちでもこっちでも、子どもと選手たちが言葉を交わし合い、昼休みの校庭は素敵な交流の場になっていました。

この年の宮崎国体は台風二十号に見舞われ、悪天候の中での大会となりましたが、多くの関係者の尽力と選手たちの協力で、無事開催することができ大成功でした。

長野県代表の弓道チームは、「成年女子遠的」で優勝するなど大健闘しました。大会終了後、私は再度宿舎を訪ねました。弓道選手たちにお祝いを述べるとともに、素晴らしい成績をおさめた選手やコーチたちに、子どもたちに向けて貴重な体験談を聞かせてもらおうと思いついたのです。カセットコーダーを持参していました。

「私は今、六年生を教えています。道徳で『向上心』を学びます。みなさんの言葉を聞かせることが、子どもたちにとって生きた資料になることでしょう」

選手たちは、少し戸惑いながらも、笑顔でインタビューに応じてくださいました。

翌日の道徳授業で、早速、子どもたちに聞かせました。

「国体に出場するまでは、ほとんど毎日が練習でした。きつい時もありましたが、歯を食いしばって頑張ってきました。毎日の積み重ねが実を結びます」

「失敗してもくじけないことです。どこがいけなかったかを反省して、足りなかった努力を振り絞れば、必ずよい結果が生まれます」などの言葉を、子どもたちは身を乗り出して聴いていました。選手たちの言葉は子どもの心を捉えたようです。

「ものすごく頑張ってこられたから、良い成績をとれたことが分かりました」

「これからは失敗してもあきらめずに、最後までやりとおそうと思います」などのような前向きな感想文がいっぱいありました。お陰様で私なりに子どもの向上心を育てる良い授業ができました。感想文を長野県弓道連盟及び信州大学に送りました。

宿舎を訪問してから一週間後のことでした。このインタビューを保護者にも参観日の折に聴いていただきました。

こうした出来事があってからおよそ一か月後に、長野県弓道選手団の一人、高校三年生の藤本裕子さんから手紙が届きました。堂々二位の成績をおさめた「少年女子チーム」の選手です。

「えびの市のみなさんのお心づくしのエビネランは来春が楽しみです。私の部屋の壁の少年女子二位という入賞の賞状が入った額が誇らしげに語りかけてきます。宮崎国体はよかったね。歴史のふるさと、心のふるさとをしのばせる国体だったね。参加させていただけたことへ感謝しようねと。二十号台風の思わぬ伏兵に、地元関係者の方々のお心づかいはさぞ

かしとお察しいたします……今は静かに思います。あれは大自然から下された大きな試練ではなかったかと。いつもその時、その場に与えられた中で、精いっぱいやるしかない。そうしてやった結果には悔いはないと思っています……」

えびの市から弓道選手たちに市の花であるエビネランが配られていました。裕子さんにとっては何よりの出場記念になったのでしょう。宮崎国体に出場して入賞できた喜びとともに、国体関係者への感謝の言葉が添えてありました。高校生活最後の試合だったのでしょう。

「国体がお祭り騒ぎに終わらず、いつまでもお互いの心の中で生き続けますよう」と結んでありました。立派な高校三年生だなと感心しました。当時受け持っていた六年三組の子どもたちにこの手紙を読んでやりました。

## 第三部　選手の母親との出会い

藤本裕子さんの手紙には、ご家族のことが書かれていました。

小学校六年生の時、お父さんを亡くされたこと、大変なショックだったけれど、今は立ち直って、妹さん二人とお母さんの四人で元気にやっていること。お母さんは、国体の試合二日目の朝、居てもたってもいられないと、朝三時に起きて善光寺に健闘祈願に出かけたのだそうです。

その年の十二月初めのことでした。裕子さんのお母さん（藤本綾子さん）から、私のクラス宛に、段ボール箱一杯の信州りんごが送られてきました。箱を開けるとあまずっぱい香りが漂ってきました。収穫されたばかりの大粒の赤いりんごです。一個一個新聞紙で丁寧に包んでありました。見事なりんごを見て子どもたちは大喜びでした。中にはお礼状が入っていました。

「この度は娘が大変お世話になりました。少しばかりですが、私たちが作ったりんごをお送りします」

長野県弓道選手団宿舎を訪れ、裕子さんたちを激励したり、お祝いの言葉を述べたりしていたからでしょうか。

学級通信でこの思いがけない贈り物のことを保護者に紹介し、りんごを家庭に持たせました。ほとんどの家庭の保護者から、藤本さんに対する感謝の言葉が寄せられました。

「遠い長野からお送りくださったおこころざしを忘れることはありません」「りんごとともに、親の教えてやれない大事なことを子どもに届けていただきました」

子どもたちには食べたりんごの感想文を書いてもらいました。どの子の作文にもりんごが特別おいしかったと書いてありました。文章に添えて、真っ赤なりんごの絵が描かれていました。

## 子どもの感想文から

ぼくは初めて「せんしゅう」という品種のりんごを食べました。食べた感想は二つあります。一つはにおいが強く、いいにおいがしたということと、もう一つは、味もいいことです。においもいい。味もいい。このりんごは、今までのりんごより、ずっとおいしいと思います。まるでりんごの王さまです。

子どもの感想文と学級写真、それにいただいた保護者からのメッセージを同封して、藤本さん宛にお礼状を出しました。

冬休みになると、私宛に藤本さんからお返事が届きました。その中に自身の不安な気持ちが書いてありました。

「思えば夫に逝かれた時は、子どもたちをどうやって大きくしていこうかと途方にくれました。この子どもたちが人間として成長し、やがて家庭を持つ上で必要なことを、また、中学校、高校の段階でのびのびと学校生活を送るために、私は親としてどうあるべきか、甘くても辛くてもいけない。私の偏った視野の中で育てては自信がありません……」

長女の裕子さんが六年生だった時、頼りにしていたご主人を病気で亡くされました。平和な家庭生活から、苦しみのどん底に叩き落されたことでしょう。そこから立ち直って、りんごやお米を作りながら、三人の娘さんを立派に育て上げられました。中学校のＰＴＡでは役員として活躍され、市の補導委員まで務められたそうです。

手紙のやり取りが続きました。電話でお話しすることもありました。教育に強い関心をもっておられました。私が受け持つ子どもたちの健やかな成長を願ってくださいました。

ある時、藤本さんにお願いして、詩吟を録音させていただきました。裕子さんの手紙の中に、お母さんの趣味が詩吟であることが書かれていたからです。藤本さんに電話で詩吟を朗詠してもらい、受話器から流れ出るその声を録音させていただきました。子どもたちに聴かせてあげようと思ったのです。

「少年老いやすく、学なり難し、一寸の光陰軽んずべからず……」

道徳の授業の時間を使い、子どもたちに時間の大切さについて考えさせました。詩吟の言葉と意味を板書し、説明しました。子どもたちは初めて藤本さんの声を聞きました。録音機から流れる藤本さんの力強く心のこもった詩吟を、興味と驚きとで聴いていました。子どもも私も心に残る道徳授業となりました。

藤本さんからのりんごは、十二月になると毎年絶えることなく贈られてきました。何と十二年間も続いたのです。私が担任した三百人を超える教え子たちが口にしたことになります。子どもの健やかな成長をりんごに託してのことでした。りんごが届くたび、私は子どもたちに、りんごが届くようになったきっかけの話をしました。藤本さん親子の苦労や思いを子どもたちに伝えました。学級通信で保護者にもそのことを伝えました。

あまりに何年も続くので大変気になり電話をかけたことがあります。苦労して収穫したりんごを分けていただき、箱詰めの手間をかけていただくことに心苦しい思いをしていました。送料も馬鹿にはなりません。

「もう十分です。ご無理をしないでください」

と言いますと、

「先生は私の楽しみを奪うんですか」

と強い口調で断られました。

## 第四部　母親との想い出

私は一九八九年（平成元年）に半年間、筑波大学に内地留学しました。その折に、休日を利用して長野の藤本さん宅を訪問したことがあります。日帰りでした。お昼時に到着した私を満面の笑みで出迎えてくださいました。長女の裕子さんと次女の栄子さんもご一緒でした。大変な量の手料理でもてなしてくださいました。

「先生、このソバはこちらのソバ名人が作ったものです。先生のことを話したら、ぜひ食べさせてくださいと。こちらの鮎もそうです。鮎かけ名人が先生にと……」

終始、にこにこされていました。裕子さんも栄子さんもうれしそうでした。

三人に、川中島古戦場の史跡や象山神社を案内していただきました。武田信玄と上杉謙信の銅像の前では勇ましい戦いの様子を、象山記念碑の前では幕末の思想家の佐久間象山の業績をそれぞれ気持ちを込めて解説してくださいました。展示されている古文書も難なく読まれます。喜びと驚きで、夢のような一日でした。夏なのにあっという間に日暮れを迎えました。慌ただしく過ごして、長野駅でお別れする時は、何だかとてもさびしくなりました。りんごの贈り物が始まってから十年目のことでした。

その翌年（平成二年）の十二月、その藤本さんから、宮崎に来られると連絡がありました。お友だちと一緒に南九州のツアーに参加されるのだそうです。三日間のご予定で鹿児島県と宮崎県をまわられるとのことでした。これまで九州に行ってみたいとおっしゃっていました。せっかくの機会ですからお会いできればとのお電話でした。

私もはるばるいらっしゃる藤本さんに会いたいと思いましたが、宮崎での宿泊地は日南とのことでした。勤務地のある国富町からは、海沿いの道を七十キロも走らなければなりません。勤務を終えてから行くのは到底無理です。藤本さんも団体ツアーを抜けて宮崎市内まで出てくるようなことは出来ないでしょう。

でも、どうしても会いたいと思いました。当時受け持っていた五年生もリンゴをいただいていたからです。子どもたちは藤本さんにりんごのお礼状を書いていました。最終日のフェリーは宮崎港から出るとのことでした。出港に間に合えば、お会いして、お礼状を手渡しすることができるかもしれません。早退させてもらい、帰りのフェリーが出る宮崎港に向かうことにしました。

その日、私は受け持ちのクラスの子どもたちに言いました。

「今日の帰りの会は、教頭先生に代わってもらうことにしました。先生はいなくなるけど許してくださいね。みなさんが書いた藤本さんへのりんごのお礼状を、直接藤本さんに渡してきたいのです。宮崎港を出発するのは午後四時の予定です。あと一時間半しかないので会えるかどうかわかりません。今から急いで宮崎港に行ってこようと思います」

「先生、分かりました。早く、早く!」

「ありがとう! 車に気を付けて帰るんだよ」

気を付けなければならないのは私の方でした。ハンドルを握り締め、前をよく見て、できるだけ短いルートを探していました。どう走っても二十キロ以上の道のりです。信号につかまらないようにと願いながら……。この時ほど赤信号を長く感じたことはございません。

やっとの思いで宮崎港にたどり着きました。港に着くまでに五十分ほどかかりました。時計の針は三時二十分を指していました。広い駐車場から白い船体のフェリーの方を見ますと、乗船中の団体客の姿が見えました。大急ぎでフェリーまで走り、昇降口を上がっていきました。お友だちとお話しされている藤本さんを見つけました。間に合ったのです。最後の最後で藤本さんとお会いでき、子どもたちのお礼状を手渡すことができました。藤本さんも喜んでくださいました。下船した私は、出港したフェリーの姿を、豆粒になるまで見つめていました。振り返ると、広い駐車場には私の車一台しかありませんでした。

その一年後、平成三年の暮れに藤本さんと電話でお話しした時のことです。

「先生、今年は三人の娘に、そろって子どもが生まれました。人生で最高に幸せな年でした」

とても明るい声でした。受話機の向こう側の笑顔が見えるようでした。藤本さんの言葉が今でも耳に残っています。うれしい気持ちを聞いてもらわずにはいられなかったのでしょう。とても残念なことですが、藤本さんは、翌年、平成四年九月に亡くなられました。享年五十八歳という若さでした。私や私の教え子たちは、言葉では到底言い尽くせないご恩をいただいたのです。長野から届いたのはこの上なくやさしいお心遣いでした。藤本さんは教師である私にとって、実にかけがえない存在でした。

# 九　私のミスから始まった三重のご夫妻との素敵な交流

## 第一部　救いの神様が現れた

それは紅葉が美しいえびの高原でのことでした。私の思いがけないミスから始まりました。一九八八年（昭和六十三年）十月二十七日のことです。秋の遠足でえびの市立上江《うわえ》小学校五年生三十九名（一名は分校）を引率してえびの高原（標高千二百メートル）を訪れていました。そこから標高千七百メートルの韓国岳《からくにだけ》の頂上を目ざします。往復二時間ほどの道のりです。体調の悪い子が一人いましたので、その子は付き添いの父親にお願いし待機してもらいました。

この日も、私はカメラを持参していました。子どもたちに思い出の写真を撮ってあげようと思っていたのです。カメラの中にはフイルムが十枚ほどしか残っていませんでしたが、うまく写せばこれで十分だと思っていたのです。遠足の集合写真を撮るのが一番の目的でしたから。

ところが全員揃って記念写真を撮ろうとした時に、自動シャッターが作動しませせん。頂上で写真を撮り過ぎていたのです。

「しまった！　ごめん！　フィルム切れだ！」

子どもたちの笑顔が消えました。私は取り返しのつかないミスをおかしたことに気づきました。今のようにデジタルカメラで気楽に写真を撮れる時代ではありません。限られたフィルムのコマを使い切ってしまえば、どうすることもできませんでした。遠足の集合写真が撮れないなんて！　子どもたちみんなが楽しみにしているのに！　帰りを待ってくれていた子どもや保護者のお父さんにも申し訳ない！、どうしよう！　頭が真っ白になりました。

　と、その時でした。

「よかったら、私のカメラで撮らせてください。写真は後日送ります」

　六十歳ぐらいの男の方がカメラを持って駆け寄って来られました。近くをご婦人と散策されていて、私たちの様子をご覧になられていたようです。

「よろしいのですか。本当に助かります。どうもありがとうございます」

　私は救いの神が現れたとの思いで、ご厚意に甘え、撮影をお願いしました。三重県から観光に来られているとのことでした。それ以上は何も言い残さず、さっさとその場から姿を消されました。お名前も住所も告げられずに。

　それからちょうど一週間後の十一月四日、私が住む教職員住宅に、達筆のお手紙と共に四十二枚のきれいなカラー写真が届きました。ネガフィルムも入っていました。

「先日はえびの高原にて先生のお立場を考えず、大変差し出がましいことをして何とも申し訳なく存じて居ります。お許しください。二度と来ることのないあの日、あの時の思い出を作ろうとみんなが寄りそって一心にカメラを見つめている子どもたちのあの姿を見て、思わず飛び出してシャッターを押してしまいました。どうか先生、あの霧島高原のような清らかな大きな、そして、あの吹き上る湯けむりのような力強い若者に成長させてやってください。お願い致します。

遠く旅をする世話焼きの老夫妻より」

「なんと心の温かい方だろうか。いただいたご好意を無駄にすることはできない。子どもたちにお気持ちを伝えなければいけない」

思わず、胸が熱くなっていました。

翌日、学校に行き、朝の健康観察を済ませると三重から届いた写真を子ども一人ひとりに配りました。えびの高原で、みんながはちきれんばかりの笑顔で写っています。Vサインをしている子どもがいっぱいいます。すばらしい記念写真でした。

「おじさんがいなかったら、記念写真はなかったんだ！」「私たちみんなに届けてくれたのよ！」「とてもきれいな写真だね！」

写真をじっと見つめている子、友だち同士でおしゃべりを始める子、写真を撮ってもらった時の話で、いつの間にか教室は大騒ぎになっていました。

子どもたちが落ち着いたところで、お手紙を読んでやりました。子どもたちは、私が手にするおじさんからの手紙をじっと見つめて聞いていました。

「あのおじさんは、どこのどなただったのだろう？」

「先生、封筒の裏を見ればわかるでしょう、送り主の住所氏名が書いてあるはずです」

「そうよ、そうよ！」

「そうだよね。それでは……」

そっと封筒を裏返しにして、両手でその封筒を高く掲げました。

「えーと、旅の老人より！……」

驚きのあまり、教室は一瞬シーンとなりました。

「一時間目の授業は社会ですが、道徳の授業に変更します。みなさんはこのおじさん、どういう人物だと思いますか？」

「何も知らない人なのに、写真を撮って、全員に送ってくださいました。とてもやさしい人だと思います」「お礼をしないでもすむように、住所もお名前も書かれていません。慎み深い人だと思います」「だれにでもできることではないです。とっても心が温かい人だと思います」「もったいぶったところのない、思いやりのある人だと思います」

次から次へと、意見が出てきました。日頃、発言の少ない子どもまで、手が挙がりました。

友だちの発言を聞いているうちに、みんなの気持ちは一つになってきたようでした。ある子どもが何かを考えている様子でした。そして、大事なことを思いついたというように手をあげました。

「このおじちゃんが言うようにみんな仲良くし、がんばって立派な人間になります。

掃除もいっしょうけんめいします」

「そこまで気づくとはすごい！　先生もうれしいよ。そうだよね。じゃあ、これからどうすればいいかな？」

「先生、この人にお礼が言いたいです。僕たちのうれしい気持ちを伝えたいです」

明るい表情で言いました。みんなもうなずきました。

私はこの言葉を待っていたのです。そこでどうすればよいかを子どもたちに尋ねました。

「作文を書いて、三重の放送局に頼むとよいと思います」

「でも、聞いてもらえるかどうかわかりませんよ」

「テレビ局に頼んだ方がいいと思います」

「テレビも、たまたま見てもらえるかどうか……」

子どもたちなりに真剣に話し合いましたが、どうしてもよい考えを見出すことができませんでした。私は地図帳を開いて、三重県の場所と特産物を調べてもらいました。近畿地方に位置し、真珠の養殖が盛んだということを教えた後、次のように言いました。

「おじさんの心は真珠のように美しいね。お礼の文集を作って、三重県の新聞社に送ってみましょう。新聞に載せてもらえるよう心をこめて書こうね。大事なことは、お便りにあるように、清らかで大らかな心をもった、力強い若者になることだよ」

国語の時間にお礼状を書きました。新聞に取り上げてもらおうと懸命です。自分たちがどれほど感謝しているかをこれ以上書けないと思われるほどのていねいさで書き進めます。文章を書くのがおっくうな子どもも、夢中で鉛筆を動かします。授業の終わりを告げるチャイムが鳴っても書き綴っていました。おじさんに、自分たちの感謝の気持ちとお礼の言葉を何としても届けたかったからでしょう。

三重のおじさんからのお手紙をコピーし、学級通信とともに家庭に持たせました。保護者にも今回の遠足で出会ったおじさんのご好意を知ってもらいたかったのです。

一方で朝日新聞宮崎支局に電話をかけ、三重の津支局の住所を教えてもらいました。写真が到着してから四日後、子どもたちのお礼状を新聞社宛、速達便で送りました。保護者から届いていた感謝状も同封しました。

子どもはこのようなお礼状を書いていました。

「私たちは宮崎県・えびの高原で出会った『遠く旅する老夫妻』様を探しています。えびの高原で、そのおじさんが写真をとってくれました。おじさんが名前、住所のない手紙を送ってくれました。その中には、遠足の時とった写真四十二枚とフィルム、手紙が入っていました。とってもうれしかったのです。おじさんにぜひお礼がいいたいのです。新聞社のみな様もいっしょに探してください。お願いします」

「五日、土曜日の一時間目、社会科の授業で、クラス全員、お礼の方法を話し合った。手紙は『遠く旅する世話焼きの老夫妻より』と結んでいる。消印は二文字。後の字は『山』だが、頭の字はこすれて読み取れない。手がかりは、写真を撮ってもらった時に聞いた『三重から来た』のひとことだけである。ぼくは旅の人の顔を考えていた。あまり思い出せない。ずっと考えていた。よくわからなくて写真を見つめていた。そしたら頭の中がありがとうでいっぱいになった」

二日後に、津支局から、「新聞に取り上げる」との電話が来ました。そのことを子どもたちに知らせますと、跳び上がるほどの喜びでした。

そして、十一月十三日、朝日新聞津地方版の一ページに紙面いっぱいを使って、子どもたちのお礼状が掲載されました。子どもたち全員の言葉を全部名前入りで上手につないでありました。子どもたちが老夫妻に対してどれほど感謝しているか、紹介されてありました。

十一月十六日に津支局から、子ども全員分の新聞が贈られてきました。お手紙も入っていました。

「五年一組のみなさん、お便りありがとう。えびの高原での素晴らしい体験と、ひ

「三重のおじさん」写真をありがとう
遠足の一日 予期せぬ出会い
宮崎・えびの市の小学生40人
「お礼」の手紙、津支局へ託す
フィルム切れ困ったところに老人は現れた
一週間後、42枚分の記念写真が
どうして見
えびの市立上江小学校５年生が書いて
朝日新聞津支局に託した礼状

朝日新聞 津地方版掲載　1988（昭和63）年11月13日

とりひとりが学び、考えたことを読んで、津支局の記者はみんなとても感心しました。ぜひ記事にしようと、いろいろと文を考えました。しかし、みんなの気持ちを伝えるには、みんなの文を紹介するのが一番。全員の文を載せることにしました。記事の都合で、うんと短くなったり、前後を入れ替えたりしましたが、了解してください。残念だけど、今のところ、遠く旅する老夫妻さんからの連絡は津支局には入っていません。まだ旅の途中で、新聞記事を読んでいないのかもしれません。もし、連絡がきたらすぐに知らせますからね」

一日も早く、写真の贈り主が見つかりますようにと、みんなで祈ったのでした。

## 第二部　写真の贈り主が分かる

新聞報道から六日目の十一月十九日に写真の贈り主が見つかりました。朝日新聞津支局より電話で知らせがありました。

「見つかりましたよ。林さんというお名前の方です。よかったですね」

林正彦さん（七十二歳）、ふじさん（六十二歳）というご夫妻でした。子どもたちからのお礼状を受け取りに、津支局に向かわれているとのことでした。新聞社から知らせがきたのは図工の時間で、子どもは絵を描いているところでした。このことを子どもたちに報告しました。みんなが待ちに待っていた知らせです。

「ばんざーい！」「よかった」「わあーい」

大変な喜び方でした。

二日後に、朝日新聞社から、十一月二十日付けの新聞が送られてきました。今度は全国版の紙面でした。写真付きで大々的に取り上げられています。太くて大きな活字で「三重おじさん、見つかったヨ」と書いてあり、「えびの市の小学生が探す写真の贈り主」「妻とフルムーンの途中撮影」などの見出しが躍っています。宮崎の小学生たちが、どこの誰だかわからない写真の送り主を探していたことが、経緯を追って紹介されていました。林さんが、にこにこしてお礼状を見つめておられます。大きくて素敵な写真でした。

林さんからも同じ日にお便りと新聞が届きました。

「上江小学校五年一組のみなさん、お元気ですか。毎日、みんなしっかり勉強と運動でがんばっていることと思います。私は「三重のおじさん」です。この前、遠足では高さが千七百メートルもの韓国岳に登って帰りにはみんなが何回もすべったり、ころんだりして、やっと千二百メートルのえびの高原に帰って、ペコペコのお腹におべんとうを一杯つめ込んでクラスの写真をとる時に、ちょうどおじさんと会いましたね。あの時、運が悪く齋藤先生のカメラのフイルムが残っていなかったのです。けれどもこの運の悪かったことがおじさんには運がよかったのだと思います。そうでしょう。一度に四十一人ものみなさんと友だちになれたからです。そしておじさんの写した写真の一枚ずつのプレゼントにみなさんは心をこめて作文や詩や絵をおくってくれました。本当にありがとうございました。おじさんもおばさんもみなさんの作文や絵を読んだり見たりして、昨日の夜は夜中の二時頃まで夜ふかしをしてしまいました。この作文はこの子の書いたものかな、この子ならこんな絵をかくかもしれないなんて思いながら。今度もう一度えびのを旅してみんな一人一人と手をにぎり合ってみようと思っております。昨日、新聞社からみなさんの作文をもらって来て、今朝早く起きて手紙を書きました。その次にみなさんのお父さんやお母さんもおじさんやおばさんのことをはげましてくださったり、お礼をいわれたりしておりましたのでみなさんから、よく、おじさんやおばさんのかわりにお礼を云って

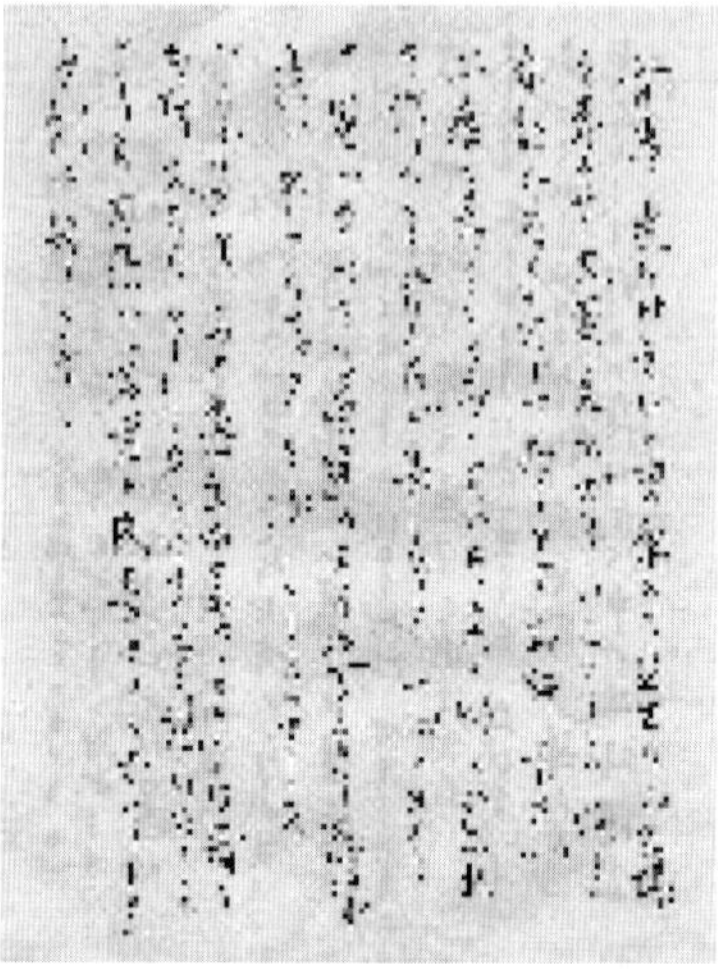

おいてください。……みなさんが五年生のうちに会えるか、立派な六年生になってから会えるか今はまだわかりませんが、必ずもう一度みなさんと会うことを約束してこの手紙を終わります。南の冬でも冬は冬です。体にはしっかり気をつけてがんばってください。「本当にありがとう」

さようなら

十一月二十日　日曜日の朝

ペンを通して林さんご夫妻のうれしい気持ちと、子どもに寄せる深い愛情が肌に伝わってきました。声を出して読みますと、子どもたちの目が潤んでいました。林さんからのお便りと新聞をコピーして、下校時に子どもに持ち帰らせました。保護者たちにも伝えるためです。

五年一組の子どもたちと林さんとの交流が始まりました。子どもたちは早速、返事を書きました。どの子の文章も、林さんが見つかった喜びと林さんへの感謝の気持ちに満ち溢れていました。

## 子どもたちの手紙

「林さん、こんにちは。きれいに写った写真とお手紙ありがとうございました。私の顔、写真でわかりますか。……私は、おじさんが新聞社に名乗り出てくれて、とってもうれしかったです。おじさんのお孫さん、私たちと同じくらいですか。……おじさん、ぜったいに遊びに来てくださいね。まっています」

「林さん、お元気ですか。ぼくはかぜをひいてしまいました。林さんは、かぜをひかないようにしてくださいね。一か月前、えびの高原で、写真をとってくださってありがとうございます。ぼくは、その写真をだいじにしています。……かならずきてくださいね。おねがいします。まっていますよ」

「私は、林さんが見つかって、ほんとうによかったなと思っています。とってもやさしい林さん夫妻が、とってもいい記念をくださったので、私は、この写真をだいじにとっておこうと思っています。なくならないように、めだつような所にはっておこうと思っています。ぜったい、このことは、忘れないように、心のおくの方に、しまっておこうと思います。私は、林さん夫妻に、もう一回、会ってみて、話をしてみたいなと思っていました。……。いつまでも、いつまでもお元気で！　体に気をつけてください」

「この前、三重のおじさんに、えびの高原で記念写真をとってもらって二十四日目。あの日の事は、全然わすれていません。写真をとってもらって数日、おじさんから手紙をもらいました。中は、記念写真と一通の手紙でした。……そのあとすぐ返し手紙を書こうとしましたが、住所が書いてありませんでした。だけどぼくたちはあきらめず、新聞でその人を探そうとしました。そして、手紙を送ってから、数日、手紙が新聞にのりましたという知らせがありました。……あと一回おじさんに会いたい。これが、ぼくのおじさんに対する最後のねがいです。……」

手紙と一緒に収穫祭文集も送りました。五年一組は、十一月中旬の土曜日に、収穫したお米やさつまいもでおにぎりやてんぷらを作ったり、刈り取った稲わらで縄をない、縄跳びや輪投げをしたりして半日を楽しく過ごしました。林さんにその時の様子を知らせたかったからです。

子どもたちの手紙を出してから数日後、林さんから電話がありました。十一月二十八日（日曜日）のことでした。

「先生のクラスの子どもと保護者のみなさんは、本当にすばらしいですね。うれしいです。ぜひぜひお会いしたいです。来年の三月に家内と会いに行きます」

子どもたちの喜びを理解し、再会を望む気持ちの強さを推し量ってくださったのでしょう。

翌日、学校に行き、子どもたちに知らせますと、教室はもう大騒ぎでした。喜びが弾けたのです。子どもたちの心は、林さんに会える楽しみで燃え上がるばかりでした。

それから十日ほどたって、もう一度林さんから電話で連絡がありました。三月十一日に、フェリーで志布志港に着き、そこから車でえびのに向かうとのことでした。

冬休みに入る前に林さんに年賀状を出しました。

「三重のおじさん、今年は学校で会いましょう。それまでお体をだいじにしてください。……ぼくたちもおじさんをまっていますよ。では、よい年をむかえてください」

「あけましておめでとうございます。早く三月になればいいです。それは、おじさんに会えるからです。……まちどおしいです……体に気をつけて、三月にあいましょう。おばちゃんにもよろしくね」


林さんからも、心のこもった年賀状がそれぞれの子ども宛に送られてきました。年賀状には、子どもたちに向けた言葉が書かれていました。

「明けましておめでとうございます。良い正月をお迎えになったことと思います。おじさんも今年はみなさんのおかげで本当にうれしいお正月をむかえることができました。楽しいお手紙やりっぱな文集をありがとうございました。今年はいよいよ六年生ですね。りっぱな中学生になるために、これからの一年間を体に気をつけて、勉強にスポーツにがんばってください。また、からくに岳の見える上江でお会いする日を楽しみにしております。お父さん、お母さんによろしく。」

年賀状一枚一枚に一人ひとりあてて、「収穫祭文集」に載せた作文についての丁寧なコメントが書き添えてありました。

上江小学校では、年に一回、二月に学習発表会を行っていました。体育館に保護者を招き、壇上で各クラスが歌や踊り、劇などを披露するのです。五年一組は、林さんご夫妻との出会いの話を劇にして発表することにしました。自分たちの大切な思い出の体験を全校の友だちや先生方、保護者たちに知ってもらいたいと思ったのです。上手な劇にして三月に林さんが来る時にも、演じて見せようと考えたのでした。

脚本を作り、舞台セットを整え、セリフを覚え、役を演じるまで、全て子どもたち自身の手で行います。自分たち自身が体験したことを、正味十五分ほどの劇に仕立て上げるのです。クラス全員が登場する設定で、セリフ、声出し、表情から動作まで、あらゆる面で総力を上げました。子どもたちはとても意欲的でした。与えられた授業の時間だけでなく、お昼休みや放課後になっても練習を続けていました。自分たちの喜びや感謝の気持ちを少しでも多くの相手に分かってもらいたいと思ったのでしょう。どうやったらうまく伝わるのか、みんなで一生懸命考えていたのでしょう。

学習発表会の日がやってきました。発表会が行われる体育館は子どもたちと保護者でいっぱいです。先生方も見つめています。子どもたちは緊張と楽しみとでその時を待ちました。

発表の直前になって、ちょっとしたハプニングがありましたが、子どもたちは、あわてることもなく、幕が上がると自分の役をそれぞれ精一杯演じました。

まずはじめは、おじさんが写真を撮ってくれる場面です。全員が笑顔でVサインをしました。次は、おじさんのご好意について考える場面です。一人の子どもがさっと手を挙げてみんなに提案しました。おじさんの優しさに感激したことを表情に表しながら、お礼状を書こうよと訴えました。そして、手紙をポストに投函するシーンです。両手を合わせて、新聞社が取り上げてくれますようにと祈りました。送り主が見つかったことを伝える記事を家族に見せる場面では、新聞を大きく広げて、うれしそうな声をあげてみせました。そして最後は、林さんご夫妻の来校を心待ちにしている場面です。ステージからクラスの全員が観客に向って「林さ〜ん、待ってま〜す！」と声をそろえて叫びました。どの子も自分の役割を熱演するあまり、注目を浴びる恥ずかしさも緊張もすっかり吹っ飛んでいました。

発表は大成功でした。全員が立派に演じました。

「声が大きくて、分かりやすかったです。頑張りましたね」

先生方も深く感動したようでした。

「三重のおじさんの優しさが伝わってきました。お礼が言いたかったみんなの気持ちがよく分かりました。涙がこぼれそうでしたよ」

「こんなことがあったのですね。全然知りませんでしたが、とても感激しました」

強い印象を残すことができました。子どもたちにとって、この学習発表会が貴重な体験になったことは言うまでもありません。

## 第三部　ご夫妻との涙の再会

三月一日の夜に林さんに電話をかけ、お見えになる十一日のことをたずねました。午前九時半、志布志《しぶし》港着のフェリーで来て、そこから学校まで車で行きますとのことでした。帰りはその日の午後八時四十分発のフェリーだそうです。

林さんご夫妻が来校される日が近づくと、子どもたちの心はさらに弾みます。訪問予定の一週間前に子どもたちは「林さんご夫妻を温かくお迎えしよう」という議題で学級会をやりました。だれにとっても最大の関心事だけに意見が次々に出ました。優しい林さんご夫妻を精いっぱい歓迎したい！　お金をかけるのではなく、自分たちの心で！　そんな気持ちで二時間もかけて話し合い、三つのことを決めました。

その一つ目が、感謝状の贈呈です。半分にした画用紙を使って感謝状を作ることにしました。画用紙はイラストも描け、丈夫です。枚数が多いので受け取りやすい半分の大きさにしたのです。林さんへの感謝の気持ちはだれでも同じです。みんながお礼を言いたいので、順番に林さんの前に行き、感謝状を読むようにしました。「感謝状に自分の好きな写真を貼ったら、どうかな。林さんも喜ばれると思うよ」と提案しますと、みんなは大賛成でした。うさぎを抱っこして、一輪車に乗って、花に囲まれてなど、自分の好きなポーズで写真を撮り、感謝状に貼り付けました。

二つ目が、「私たちのえびの市」というタイトルの手作り本をプレゼントするというものです。林さんのご予定は、フェリーを使っての日帰りですので、ゆっくりできません。少しでもえびの市を詳しく知っていただきたかったのです。えびの市の「位置・自然・産業・歴史・文化伝統行事・生活」について紹介することにしました。みんなで分担し、自分の体験をもとに作文を書きます。でき上った文集を事前にばらし、全ての印刷用紙をパンチで穴を開けます。それらを裏表紙・編集者名簿・子どもたちの作文・前書き・表紙の順に、林さんご夫妻の所に持って行き、ファイルに綴じてもらいます。出来上った作文のファイルがプレゼントになります。林さんご夫妻に少しでも良い想い出を作ってもらいたかったのです。

そして、三つ目は、学習発表会で披露した「出会いの劇」の上演です。ずっと前から決めていたことです。林さんご夫妻に、自分たちがどれほど感謝し、会いたがっていたかを劇を通して知ってもらいます。みんなの一番の楽しみです。

三月三日の夜に保護者会の役員さん三名と当日のことについて話し合いました。「子どもたちばかりでなく、私たち親も大きな喜びをいただいたので、何かしないと申し訳ない」とのお電話があったからです。それぞれの家庭から持ち寄ったお米で昼食のおにぎりを作ることや、保護者の代表が、林さんご夫妻に、お礼と歓迎の挨拶をすることなどを決めました。

訪問の前日を迎えました。一晩寝るとその日がやってきます。クラスは、下校するまで、林さんご夫妻の話でもちきりでした。翌日の会場となる教室と体育館を箒できれいに掃き、雑巾でぴかぴかにしました。体育館にござを敷き、椅子を並べました。劇を観たり、会食をするためです。正面の黒板いっぱいに色チョークで歓迎の言葉を書きました。中央に赤チョークで「友達」と大きく書き、その横に黄色チョークで「林さん、ようこそ」、白チョークで「おまちしておりました」と書きました。その下に、白と赤チョークで「五年一組一同」と書きました。色チョークをたっぷり使って、フェリーや灯台、乗用車や地図も描きました。林さんご夫妻がはるばる三重から、フェリーを使って、車でやって来られる様子を想像したのです。最後に色紙で輪っかを作り、それをつないで、黒板に飾りつけました。

三月十一日がやってきました。朝から学校に集まって、家庭科調理室で、おやつを作りました。白玉だんごとフルーツポンチです。マスクやエプロンを身に着け、石鹸で手を念入りに洗いました。包丁やお湯を使いますので、けがややけどにも注意しました。おいしいおやつを作ろうと調理に集中していました。

林さんの運転する車が学校に着いたのはお昼ごろでした。教室の後方は四十人ほどの保護者で身動きができないほどです。校長先生・教頭先生、ＰＴＡ会長さんもお見えでした。林さんご夫妻が教室にお入りになると、割れるような拍手が起こりました。学級会で決めた通りに、子どもの手による歓迎会が始まりました。

先ずは、子どものオルガン伴奏・指揮で校歌を歌いました。

クラス代表が歓迎の言葉を述べました。

「林さん御夫婦と出会えて約四か月たちました。あの時はえびの高原が紅葉できれいでしたね。……林さんが、もう待ちきれないので三月に会いに来られるという話を齋藤先生から聞いてみんなは大喜びでした。それから私たちは、どのように林さん御夫婦をあたたかくむかえることができるかについて学級会で話し合いました。いろいろな意見が出ました。二時間かけてみんなで話し合い、三つほど決めました。それだけみんな真剣に話し合っていたのです。そして決まったことをこれから実行していきます。おいでになることが分かって、たったの三か月ほどしかたっていないのに、とても長く感じました。……半日という短い時間ですが、四か月ぶりの再会を思いきり楽しみましょうね。三重からの長旅どうもご苦労さまでした」

続いて、保護者代表のお母さんが林さんご夫妻の前に立ち、子どもたちだけでなく、自分たち親もどれほど喜びをいただいているか、心からのお礼を言われました。

そして、いよいよ子どもたちからの感謝状贈呈の番です。順番にご夫妻の前に立ちました。その子なりに精いっぱい考えた感謝の言葉を読もうとしましたが、みな、うまくいきません。胸がいっぱいになってしまったのです。待ち焦がれていた林さんご夫妻が、優しそうな眼差しで目の前に立っていらっしゃるのです。思い続けてきた感情がどっと噴き出したのでしょう。ふるえる手で感謝状を持ち、やっとの思いで読んでいました。口元が震えだし、途中から言葉にならない子、最初から感極まって泣き出す子まで出てきました。その子を林さんが抱きしめられます。机の上でうつ伏せになって泣きじゃくる女の子の髪を林さんが優しくなでてくださいます。友だちの言葉を聞いている最中も、みんな目を赤くしていました。そんな姿を見て、保護者も校長先生も教頭先生もＰＴＡ会長さんも涙を流していました。林さんの奥様は、目を潤ませながら、林さんと並んで受け取っておられました。

## 子どもの感謝状

「私たちの所に、わざわざ来てくださってありがとうございました。私は、林さんが来られるのがまちどうしかったです。遠足の時は、写真をとってくださり、写真までおくってくださってありがとうございました。ほんとに、ありがとうございました」

「遠足の時は本当にありがとうございました。ぼくは林さんから一つぬすみ取りました。それは心です。林さんの愛情がたくさんこもった心をぬすみ取りました。今日は遠い所からわざわざきていただいて、ありがとうございます。これからも文通をしましょう。本当にありがとうございました」

「林さんと会ってから約三か月たちます。写真を写してくれた時は、ほんとにありがとうございました。林さんと会えてとてもうれしいです。また、会う日を楽しみにしています」

次は、子どもたちの手作り本「私たちのえびの市」の贈呈の番です。その数五十枚です。子どもが一枚ずつ林さんご夫妻の所まで持って行きました。ご夫妻はとてもうれしそうに一人ひとりにお礼を言われました。折り目がつかないよう二人で丁寧にファイルに閉じました。手作り本が完成しました。ファイルにした作文集をプレゼントしました。子どもたちの素敵なアイデアにとてもうれしそうでした。

歓迎会が終わると体育館に移動し、おにぎりとおやつを食べました。お腹がぺこぺこでしたから、おいしさも抜群でした。

林さんご夫妻が白玉団子、フルーツポンチを目を細めて食べていらしゃる様子を、子どもたちはうれしそうにじっと見つめていました。食べた後はいよいよ劇の上演です。三重からはるばる来られた林さんご夫妻に、自分たちで作った劇を見せるのです。子どもたちは喜びと緊張とで気持ちが高ぶっていました。林さんはその劇をビデオ録画されました。ビデオカメラを三脚に乗せ、ステージより横の方に数メートル離れた所から録画を始められました。劇を観ながら、カメラのファインダーを覗いて録画します。三脚に乗せたカメラを移動したり、マイクを持ってステージの下ま

で行かれるなど、ビデオ録画に熱中される林さんが見えたのでしょうか。子どもたちの気持ちも高揚しました。ひときわ大きな声で、表情も豊かに、自分の役を演じていました。

学習発表会では、「林さん、林さ～ん、待っていま～す」で幕を下ろしていましたが、今回は、違いました。

「あっ、林さんだ！　林さ～ん！」

ステージで演じていた子どもたちみんなが、林さんご夫妻に向かって叫びました。お二人の表情がぱっと明るくなりました。階段を大急ぎで登って行かれました。そのお二人にみんながどっとかけ寄りました。握手ぜめです。林さんも奥様も両腕を開いて子どもを抱きしめられます。みんなの笑顔が弾けます。涙を浮かべている子もいました。ドラマと現実との同時進行に観ていた人たちは又、涙しました。最後は、林さんを中央にして肩を組み、子どもの指揮、ピアノ伴奏で「ふるさと」を歌いました。声を震わせ、涙を流しながら、大きな声でふるさとを歌いました。

林さんはマイクを握り、声を詰まらせながら
「私の七十二年の人生で、これほど幸せな日はありませんせん。みなさん、本当にありがとうございました」
とお礼を言われました。
あっという間に午後三時が過ぎていました。これから、志布志港まで車を走らせ、フェリーに乗らなくてはなりません。お別れする時がやってきたのです。志布志港に向けて出発されるお二人をみんなで見送りました。子どもも保護者も車が見えなくなるまで手を振っていました。

月曜日に林さんご夫妻宛、ご訪問に対するお礼状を書きました。全員が用紙に向かい、鉛筆を夢中で動かしていました。鉛筆を握ってじっと考えこんでいる子や黒板にかかれた文字や絵をじっと見つめている子も見られました。鉛筆を動かす音が心地よく教室に響きました。子どもたちが、遠い三重からはるばる自分たちに会い

に来てくださった林さんご夫妻にどれほど感謝しているかがよく分かりました。
「出会い　上江小　五ノ一」と書いて、クラスの寄せ書きも作りました。

**子どものお礼状**

「……林さんが十一日におみえになって、私は最高にうれしかったたです。なぜかと言うと、林さんと一日じゅう楽しく、ふれあいができたし、私におじいちゃんとおばあちゃんができたからです。……林おじいちゃんやおばあちゃんは、私たちを「孫」っておっしゃったんだもの。……海山町におもどりになる間、おつかれになったでしょ。私が三重に行ってかたをとんとんしてあげたいです。おじいちゃん、おばあちゃん、また、あそびに来てね。ほんとうにありがとう」

「三月十一日、土曜日、遠いえびの市まで来てくださってありがとうございました。私たちは、とってもうれしかったです。林さんもおつかれになったでしょう。林さんとの出会いがおわって、月曜日には、みんなしょんぼりしています。だけど、林さんとの出会いはだれもわすれていません。心のやさしさ、しんせつな人、ぜんぶ心の中にとじこめています。……今度、あえる日をたのしみにしています」

「十一日、土曜日は、ありがとうございます。ぼくは、感謝状をわたす時、おもわず感げきのなみだが出ました。このようなことは、初めてのことだから、なみだを止めようにも止まりませんでした。劇をする時は、学習発表会の時よりもファイトがでました。声も大きくはきはきと。ふつうのしゃべり方のようだったんですが、ふしぎに感じました。……林さんの事は、一生わすれることはないだろうと思います」

三重にお帰りになってから、林さんからお手紙が届きました。次のように書いてありました。

「……私ども夫婦にとりまして、これからの余生にこの度のような感激は再び無いであろうと思われるほどの感動に打ちのめされた数時間でした。……また、齋藤先生が御指導をされたのではなく、生徒たちの自主的な行動の後押しをされたのだと思われる様な子どもたちの一挙手一投足が私と家内をメロメロにしてしまいました。……子どもたちの感激のあまりの涙、お母様方との握手の際のその手のぬくもり、いつまでも手を振って見送ってくださったみな様の姿が写ったバックミラーに。フェリーの夜は寝つけない夜になりました。有り難うございました。……」

# 校長時代の想い出

## 一　子どもが夢中になった「さつまいも作り」

私は新任校長として一九九八年（平成十年）四月に、周囲を深い谷と高い山々に囲まれた山村僻地校の椎葉村立鹿野遊《かなすび》小学校に赴任しました。鉄筋コンクリート二階建ての立派な校舎ですが、一年生～0名・二年生～二名・三年生～三名・四年生～一名・五年生～三名・六年生～四名のわずか十三名、職員数～九名（分校兼務の養護教諭・用務員・事務員・調理師を含む）の小さな学校です。

この学校では、作業を伴う勤労体験学習として、校庭横の花壇のような狭い所で、地域の長寿会（高齢者の会）の協力のもと、さつまいもを作ってきました。

勤労体験学習は子どもの主体的な活動を通して、自主的実践的な人間を育てるのがねらいです。しかし、作業を伴いますので、どうしても教師の指示が多くなり、子どもにとって、魅力の少ない学習に陥りやすいものです。前年度のさつまいも作りを踏まえ、教師の指示はできるだけ減らし、子ども主体の楽しみのある勤労体験学習を全職員で目指すことにしました。

小学校の学習の一つとして、学校の全児童をもって組織する児童会というものがあります。教師の適切な指導の下、学校生活の充実と向上を図るために、学校生活の諸問題を話し合い、協力してその解決を図る活動をするのです。さつまいも作りを児童会に委ねました。子どもたちは、「楽しいさつまいもつくりをしよう」という議題で児童会総会を開き、話し合い、二つの事を決めました。

一、十三名（全校児童）を、三つのグループ（学年をできるだけ均等にして）に分けて、さつまいも作りをして収穫量を競う。

二、お世話になっているおばあちゃんたちをお招きして収穫祭を行う。

さつまいも作りの活動については、教師は、指導というより子どもの支援に重きを置くことにしました。なお、植える場所や苗植え・草取り・収穫、収穫祭などの活動の日時は、教師が決めました。

六月に入り、さつまいもの苗を植える時期になりました。これまでは農家のおばちゃんに学校まで苗を持ってきてもらっていましたが、それをやめて、六年生二人がおばちゃんの家に苗をいただきに行きました。倉庫から同じ長さに切られた苗（つる）が十本ほどで束ねられているものを何束も持って来られました。茎の太い赤芋と白芋の立派な苗でした。準備しておられたのです。

「たくさんの苗をありがとうございます」

「みんなで大事に育てます。秋に収穫祭をします。学校に来てくださいね」

お礼を言うと、おばちゃんがとてもうれしそうでした。笑顔で見送ってくださいました。

さつまいもの苗をもらってきた翌日に、みんなで苗植えに行きました。谷間に面した農家の畑です。この土地をお借りしたのです。七十㎡ぐらいあります。学校から歩いて五分くらいの所にありました。一輪車に苗と鍬・スコップを乗せて歩いて畑に行きました。

雑草がいっぱい生えていたので、みんなは驚きました。五、六年生が早速、鍬を使って草取りを始めました。鍬は重いので力が要ります。五、六年生でないと無理なのです。下学年は手で草をとり始めました。取った草をまとめて畑の隅に持って

行きました。くされて肥しになります。たくさんの草でしたから、何度も畑の中を行き来しました。早くも汗が出始めました。

雑草がなくなり畑がきれいになると、五・六年生を中心に三つのグループ（四、五名一グループ）に分かれ、畝《うね》作りを始めました。各グループとも五、六年生が交代で、鍬で畑を深く耕し、耕した土を鍬で寄せて畝を作っていきました。草取りの

何倍も力が要りました。下級生はスコップや両手で土を寄せ、畝をきれいに作っていきました。みんなはもう汗ぐっしょりでした。三つのグループとも、幅も高さも農家の畝の二倍ほどもある大きな畝を二本ずつ作りました。横長の土地でしたから六本の畝ができたのです。さつまいもは小さな畝でもできますが、畝を大きくしたのは、土が多いほど芋がたくさんできるからです。

作った畝に、苗（さつまいものつる）を一列に丁寧に植えていきました。なんと一つの畝に苗を二列にして植えているグループがありました。苗の本数は各グループ均等に分けられていますので、一列植えより間隔を広くとっていました。

一時間ほどで苗を全て植え終えました。教師の手はほとんど借りずに、見事なさつまいも畑にしました。苗植えが済むと一か所に集まり、畑に向って万歳三唱をしました。子どもたちの大きな声が、谷間にこだましました。

## 子どもの作文

みんながくわで、たがやしています。ザック、ザック、ザックと音を立てながらいっしょうけんめいにたがやしています。足とかに気をつけてしています。ぼくはそのとき、「大きくて、おいしいさつまいもになって」と言いながらしました。ぼくはでっかいじゃんぼいもと家族いもができたらいいなと思います。（三年生）

みんな「おいしいいもができるといいなあ」と言いました。みんな、とくにじゃんぼいもをつくろうとしていました。でも、ぼくたちはいろいろなうえかたをしました。そして、終わったら、みんな「よかった」と言いました。こんどとるときはじゃんぼいもとかかぞくいもができるといいです。（四年生）

「やったあ〜うねができたぞ」と思いました。はじめは草だらけだった畑が耕しているうちに、りっぱなうねになってきました。うれしかったです。そして、いものなえを植えました。サツマイモの赤と白を植えました。巨大イモと家族イモとに分けました。「早く大きく育て」と思って植えました……。世話をしっかりしていきたいと思います。

（六年生）

一か月後、植え付けの済んださつまいもの様子を見るために、各担任が子どもたちを畑に連れて行きました。さつまいもはしっかり根付いていましたが、雑草があちこちに生えてきました。

八月初めの夏休みの登校日に、教師が引率して、さつまいもの手入れに行きました。雑草取りです。苗を植えてから二か月が過ぎています。畝と畝の間にはたくさん雑草が生えていました。でも、畝の上には雑草は少ししか生えていませんでした。さつまいもの苗（つる）が植えた時の何倍も伸びており、その勢いに後から生えてきた雑草が負けているのです。とった雑草を畑の外に持って行きました。畝の上に生えている雑草を取るときには、苗（つる）を丁寧に引き上げました。つるをいためてはいけないからです。雑草を取ったら、また、つるを元の位置に下ろしました。子どもたちは、暑さで汗ぐっしょりになりながら作業を続けました。作業が終わると、雑草がなくなった自分たちの畝を、満足そうに見つめていました。

十月になると畑全体がさつまいものつると葉とで覆われていました。手入れしたので雑草がなくなり肥料が効いて苗が元気になったからでしょう。少しは草が見えますが、もう大丈夫です。さつまいも畑の様子を見に来た子どもたちは、収穫する日を楽しみにするようになりました。

収穫時期が間近になりました。「心に残る楽しいしゅうかく祭をやろう」という議題で児童会総会を開きました。三つが決まりました。

一、グループ対抗収穫量大会を開く。

・全員に手作りメダルをあげる。

二、さつまいも出店大会を開く。

・法被を着て、威勢よく、いらっしゃい、いらっしゃいと言って盛り上げる。

三、お招きしたおばあちゃんたちに手作りのメダルとブローチを差し上げる。
三、四年生（男子三名・女子一名・計四名）が、図工の時間に松ぼっくりや赤、青、ピンクなどの布テープ、厚紙などを使って、二種類のメダルを作りました。グループ対抗収穫量大会の時にみんなにあげるメダルと、長寿会のおばあちゃんたちにあげるものです。合計二十個ほどです。おばあちゃんたちにあげるブローチを、二年生（二名）が作りました。
十一月七日（土）がやってきました。いい天気でした。子どもたちの声が朝から弾んでいました。「さつまいもの収穫」と「収穫祭」があるからです。

健康観察が済むと、子どもも教師も校庭に出ました。お招きした長寿会の五名のおばあちゃんたちも、校長室から出て来られました。胸にはかわいいブローチがついています。学校に来られた時に、校長室で二年生がつけたものです。にこにこされています。苗をくださったおばあちゃんもいらっしゃいました。

一輪車に鍬を載せ、六年生を先頭にグループ毎に一列に並びました。全員が運動帽、短パンツ姿です。子どもたちの後ろには教師がいます。子どもの横の方に、長寿会のおばあちゃんたちがいらっしゃいます。

勤労体験学習の最後の日です。子どもたちの前に立ち挨拶をしました。

「みなさんは、これまで、進んでさつまいも作りをしてきましたね。どのグループも二年生から六年生までお互いに助け合って、頑張っていたので本当に感心しました。みなさんのがんばりを、ここにいらっしゃるおばあちゃんたちに報告しますと、ほめておられました。さつまいも掘りは、鎌や鍬を使うので、十分気をつけてください。今日は、おばあちゃんたちが手伝われます。さつまいもの収穫がすんだら、いよいよ収穫祭です。おばあちゃんたちも楽しみにしておられます。さあ、今日も頑張っていきましょう」

午前八時三十五分にグループ毎に一列に並んで学校を出発しました。先頭は二、三年生です。最後尾は一輪車を押した六年生です。収穫したさつまいもを運びます。鎌を持ったおばあちゃんが後に続きました。みんな笑顔でした。

畑に着きました。先ずは、おばあちゃんたちが畑に入り、腰をかがめながら、手慣れた鎌遣いでさつまいものつるを根本から切り取っていきました。そのつるを子どもたちが数人がかりで畑の横に引きずって行きました。地主さんの牛の餌になるのです。歯を食いしばりながらやっていました。

つるがなくなると、畝が現れました。あちこちで、芋が土を押しのけ、畝が膨れています。むき出しになっている芋もありました。五、六年生は畝の根っこに鍬を打ち込み、土と芋とを一緒にぐっと引き寄せて芋をとっています。移植ごてを畝に突きさし、土を掘り出して芋をとっている子もいます。下学年は移植ごてで畝を少しずつ壊しながらとっています。どの子も夢中でした。大きな芋が出てくるたびに歓声を上げていました。赤色と白色の大きな芋が次々に出てきました。しかも一株にたくさんの芋ができているのです。さつまいもの大豊作に、おばあちゃんたちも驚いていました。

掘り出したさつまいもをみんなで手で持ったり、抱っこしたりして一輪車まで運びました。赤色と白色のさつまいもが半々ぐらいでした。大きな芋です。重いのです。力がいる大変な作業でしたが、疲れなんか吹っ飛んだようでした。

一時間ほどで収穫が終了しました。つるを切ってくださったおばあちゃんたちにお礼を言いました。さつまいもで満杯になった一輪車を押して足取り軽く学校に向かいました。どの子も明るい表情でした。

学校に戻ってきたのは午前十時を過ぎていました。子どもたちが最も楽しみにしていた収穫祭が始まります。

先ずはグループ対抗の芋の重さ比べです。収穫した芋を一輪車から下ろしました。土で汚れている芋を水道水できれいに洗いました。赤や白のきれいな芋に生まれ変わりました。丸い芋やひょろ長い芋、ごつごつした芋などありました。それらを大きなたらいに入れました。大きく数も多いので、たらいは芋でたちまちいっぱいになりました。さつまいもが山盛りのたらいもありました。重さ比べ大会が開かれる玄関前にたらいごと芋を運びました。重かったのでみんなで運びました。準備していた体重計で重さを計りました。とってきたばかりのさつまいもです。

どのグループも二十キロを超えました。三十キロ近くのものもありました。順位が決まりましたが、二位のグループも三位のグループも大満足でした。全員にメダルがわたりました。メダルを首からつるして、グループごとに記念写真を撮りました。

おばあちゃんたちにもメダルをあげました。たびたび学校に来られ、学校周辺の危険な箇所での除草作業や花壇の手入れなどを一生懸命にやってくださっているからです。

十一時頃になりました。子どもたちは、さつまいも作りと同じメンバーで校庭に出ている大きな作業用テーブル（三つ）に、ガスコンロ、砂糖、サラダ油、お箸、包丁、まな板、お鍋、紙袋等を運びました。たらいに入っているさつまいもも持って行きました。さつまいものてんぷらや大学イモを作るのです。

はじめは包丁を使ってさつまいもの皮をむきます。六年生の女の子が、三年生の男の子にさつまいもの安全な切り方を教えているグループがありました。このグループはさつまいもの天ぷらを作るのです。

「包丁でけがをするから、気をつけてね！さつまいもがころがらないように手でしっかりとおさえて……私が切ってみるから、ほら、このように……やってごらん……」

家で何度も包丁を使っているのでしょう。包丁の使い方が実に手際良いのです。テーブルを囲んで女の子の様子を見守っていたおばあちゃんたちも感心していました。

他のグループは五、六年生を中心に大学芋を作っていました。作り方をお母さんや学校の調理師さんなどに聞いて何度か作っていたと見えます。下級生はお手伝いというより見学の方が中心でした。待ち切れずにつまみ食いを始める子もいました。おいしくてたまらないという表情でした。

できたホカホカしたさつまいもの天ぷらや大学芋を手作りの紙袋に入れました。箱にも紙を敷いてきれいに並べました。

子どもが法被を身に着け始めました。学校で購入していたものです。

出店（料理をした所）の前には、「さつまいもの天ぷら・新鮮隊」「大学イモ・大学イモを食べると頭が良くなる・とってもあまくておいしいです」「やめられない。とまらない」などのポスターがありました。大きな文字です。色文字です。小黒板に貼ってありました。

「さあ、いらっしゃい、いらっしゃい、ただ今、いも料理の大売りだしだよ」

「おいしい、さつまいもの天ぷらだよ」「大学芋ができましたよ！　さあ、どうぞ！」

元気な声が校庭に響きました。お祭りらしくなりました。

芋料理をいただきに来られたおばあちゃんには、目の前で、できたばかりのものを紙袋にそっと入れてプレゼントしました。黄色い帽子をかぶったかわいい保育園児にもあげました

テントの近くにいらっしゃるおばあちゃんたちには、紙箱にきれいに並べて、持って行きました。もちろん、教師たちにもプレゼントしました。プレゼントする子どもたちも、それをいただくおばあちゃんたちも本当にうれしそうでした。収穫祭は

大成功でした。
　みんなで片づけをした後、校庭で集合写真を撮りました。メダルを首からつるしてニコニコ顔のおばあちゃんたちが中央にいます。前列に保育園児が腕をぎゅっと伸ばしてピースをしています。後ろの方でピースをしているおばあちゃんもいます。横の方には「大学芋」と書かれた黒板を支えている子が見られます。笑顔の職員と満足そうな子どもたちの姿がありました。楽しい勤労体験学習になりました。
終わったのは午後一時を過ぎていました。

## 地域の人々を虜《とりこ》にした「さつまいも作り」の発表会

私はカメラを持参して畑に行き、さつまいも作りに生き生きと取り組む子どもたた

ちの様子を写真に撮っておきました。そして、集会室で開いた全校朝会で、それらの中から十三枚を選び出し、子どもの前の黒板に掲示してこう言いました。

「見てごらん！　みんながあまりにいっしょうけんめいにさつまいも作りの作業をしていたから、その様子を写真に撮っておきました。お父さん、お母さん、おじいちゃん、おばあちゃんたちにみんなの頑張りを知らせないともったいないと思ってね。どう？　この写真を使って、さつまいも作りの様子を知らせてみてはどうだろうか。きっと喜ばれると思うよ！」

私の提案に写真を見ていた子どもたちは全員が大賛成でした。私が考えていたシナリオ通りに話が進みました。

「どうすれば、いいかな？」

「写真が十三枚だし、僕たちも十三名だから、それぞれが写真を一枚選び、それについてやったこと、思ったことを書き、その文を暗記して、みんなの前で発表したらよいと思います」

「いいことに気づいたね。さすがは六年生だ。それでいいですか？」

「はーい」

国語の時間にそれぞれのクラスで文章を書きました。どの子も夢中になって文章を書いていたそうです。休み時間に大きな声で発表できるよう何度も練習している子どもを見かけました。

子どもたちに発表会を提案しておよそ一週間、その日がやってきました。地域の方々は昼間はほとんどが山や田畑で働いていますので、午後七時からの発表会となりました。子どもは保護者が連れてきました。夜の集会所は地域の人々でいっぱいでした。発表する子どもたちの人数は十三名ですが、その何倍もの大人がお見えです。昼間の仕事でお疲れのはずですが、子どもの家庭だけでなく地域のほとんどの家庭からお見えでした。

子どもの代表があいさつした後、発表会が始まりました。担当の教師が、さつまいもの苗を植える時の写真をテレビに映し出します。その横で一人ずつ発表していきました。全員がびっくりするような大きな声でした。会場に詰めかけた保護者や地域の方々の熱い視線がよほどうれしかったのでしょう。発表が終わると、会場は割れんばかりの拍手と歓声に包まれました。夜になると怖いほどの静かさになる椎葉村ですが、この日だけは例外でした。

「これほどの人数が集まったのは初めてです。びっくりしました。本当によかったです」

集会場を引き上げる人たちから、こんな言葉が聞かれました。

## 二　おばあちゃんの手縫い雑巾（本校）

私は二〇〇〇年（平成十二年）四月に、分校を持つ都農《つの》町立都農東小学校の校長に赴任しました。本校と分校（内野々分校）とで、ご婦人との素敵な出会いがありました。

着任して間もないころ、校長室に大きな手提げ袋を手にされたおばあちゃんが訪ねてこられました。袋の中には雑巾が一五〇枚ほど入っていました。いろいろな端切れを使い、一針一針、実に丁寧に縫ってありました。

「これは私が手縫いしたものです。子どもたちにお渡しください。毎年学校に届けています。

私は小学校でいじめに遭い、本当につらい思いをしました。この雑巾がいじめのない明るい学校づくりに少しでも役立てばうれしいです。分校にも届けています。

もし私が死んでも来年分まで作っているから大丈夫です」

そう話すおばあちゃんの指には、針タコができていました。

胸がいっぱいになった私は、職員朝会でこの雑巾を各担任に配り、おばあちゃんの話を伝えました。担任たちも「実にきれいに縫ってあります。ずいぶん時間がかかったことでしょうね」「これだけの端切れをどうやって集めたのでしょう！」「おばあちゃんが子どもたちをどれほど思っているかがよく分かります」と感じ入ったようでした。

ほどなくして、子どもたちが書いたおばあちゃんへのお礼状を各担任が次々と持ってきました。一年生から六年生まですべての子どもが、その子なりの表現でおばあちゃんに心を込めてお礼を述べています。おばあちゃんの優しさが子どもの純真な心に響いたからでしょう。

感激した私はお礼状を持って全校朝会に臨みました。

「これはみなさんが書いたお礼状です。おばあちゃんも偉いけれど、みなさんもとつても偉いよ。先生も真心いっぱいのお礼状を読んでいたら涙が出てきました。おばあちゃんにお送りするだけではもったいない。みなさんにも紹介したいと思ってね。各学級から一人だけですが、担任の先生に読んでもらいましょう」

お礼状を読む担任も、聞いている子どもたちもニコニコ顔です。とてもうれしい気持ちで一日が始まりました。

## 三　ご婦人からの一通の手紙から始まった素敵な交流（分校）

### 第一部　椎葉村のご婦人との出会い

内野々分校の児童数は十九名、職員数四名でした。山あいの小さな学校でした。

分校主任のもと、三名の教師で、一年生のクラス、二年生のクラス、三年生と四年生をまとめた一クラスを、担任していました。五年生になると本校に通うようになります。この話はそんな山あいの分校であった出来事です。

その年の十月中旬のことでした。「いきなりの手紙で失礼いたします」という書き出しのお手紙が校長宛に届きました。黒木絹代という、六十四歳のご婦人からのお手紙でした。内野々地区より更に山奥深い、椎葉村にお住いとのことでした。

「孫に会うために椎葉から宮崎市に向う途中で、都農町を通りました。途中、内野々地区を通りかかり、車の中から懐かしい分校を目にしました。疎開のさなかにお世話になった小学校です。戦争当時、私は延岡市に近い門川《かどがわ》町に住んでいました。国民学校の三年生の時、激しい空襲で危険になった門川町から、都農町の内野々地区に疎開しました。父の里だったからです。延岡の女学校に通う二人の姉と母を残し、父と弟と三人の疎開生活でした。

私も弟も、分校の友だちに仲良くしてもらいました。みんなと一緒に山に出かけ、野ぐりやカニをとりました。楽しく過ごした思い出がある分校が懐かしく、もう一度訪れたいと思いました。そうすれば、私も分校の卒業生としてお仲間入りできるような気がするのです。二か月ほど前に手術したばかりです。ご迷惑でなければ、術後の体調の回復を待って、分校をお訪ねできればと考えています。今、分校に生徒さんが何人いらっしゃるのか、教えていただけますか」

私は、子どもの人数とともに、「是非いらしてください。お待ちしています」と書いた手紙を出しました。

数日後、ダンボール箱の宅急便が届きました。箱の中には、袋詰めされたお菓子と学用品が十九袋入っていました。お手紙が添えられていました。手紙には、疎開当時のことが書いてあり、最後に「子どもさんにお渡しください」とありました。私は胸が熱くなりました。他の先生方も、何かを感じたようでした。

荷物が届いたのは、ちょうど学校参観日の二日前でした。分校の先生方と相談し、授業参観にあわせて全校集会を開くことを決めました。子どもたちに宛てた手紙を、子ども全員を集めて聞かせたかったのです。保護者たちにも、その場に立ち会ってもらうことで贈り物にこめた送り主の気持ちを知ってもらおうと思ったのです。

十一月四日のことでした。私は、全校集会で手紙を読みました。

「五十五年前、三年生の時に、住んでいた門川町が空襲で危険になり、こちらに疎開して来ました。そして、内野々分校で勉強しました。とても心細かったですが、みんなが仲良くしてくれ、本当にうれしかったです」「年をとったからでしょうか、楽しく過ごした昔のことが思われてなりません。内野々分校は私にとって忘れることのできない学校です。二か月前に手術をしました。一日も早く元気になり、お世話になった分校に行ってみたいです。私も分校の卒業生として仲間入りさせていただきたいです」

子どもたちは、ゆっくりと手紙を読む私を食い入るように見つめていました。子どもの後方で見ていた保護者たちもじっと耳をすましていました。手紙を読んだ後で、一人ずつ絹代さんからの贈り物を手渡しました。子どもたちはお辞儀をして、大事そうに受け取りました。

私は子どもたちに、絹代さん宛のお礼状を書いてもらおうと思いました。手紙を書くことで、子どもたちに絹代さんが分校に寄せる思いに気づいてもらいたいと思ったからです。相手の気持ちを知ることで、思いやりの心を養うことができると思ったからです。手紙を書くことは自分の気持ちを文章に表す学習にもなります。

分校の先生方も全員賛成してくれました。子どもたちの指導を約束してくれました。参観日明けの月曜日に、子どもたちに全校集会の時に感じた気持ちを発表してもらったそうです。子どもたちは自分の気持ちを話し、友だちの話を聞くことで、手紙に書くべき言葉を整理したことでしょう。そうすることでどう書いたら相手に自分の気持ちが伝わるのか、手紙の書き方を学んだはずです。担任の話によればどの子も一生懸命手紙を書いたそうです。手紙の文面には、子どもたちの素直な気持ちが表われています。

「見知らないおばちゃんからおみやげが来たのでびっくりしました。ありがとうございます」「戦争のために町の学校から転校して来て、さびしかったでしょうね。みんながなかよくしてくれてよかったですね」「おばちゃんの病気が早くよくなりますように。早く会いたいです」

手紙を出してから数日後、絹代さんから大きめの封書が届きました。中には、花や動物などいろいろな形をした折り紙作品がいっぱい入っていました。子どもたちは見たこともない見事な作品を見て、目を輝かせました。折り方を知りたいと思った子もいたでしょう。子どもたちは、早速お礼状を書きました。先生に言われるまでもないことでした。

なかには手紙だけでは満足できない子もいたようです。手紙以外のお礼がしたいと担任の先生に相談したそうです。相談を受けた先生は児童総会を開くことを提案しました。何ができるか、子どもたち全員で話し合おうというのです。総会では活発な意見が交わされたそうです。指導した先生によれば一年生から四年生までの全員が、進んで手を挙げ、自分の考えを発言したそうです。みなそれぞれ自分に何ができるか、子どもなりに一生懸命に考えたのでしょう。一年生の子も、堂々と上級生たちの前で発言したのだそうです。この児童総会で三つの手づくりプレゼントを贈ることを決めました。

「千羽鶴」「お守り」「声のプレゼント」の三つです。


千羽鶴を折るのは大変だったことでしょう。一羽一羽丁寧に折ったそうです。休み時間も、遊ぶのを忘れて鶴を折り続けていたそうです。先生たちも休み時間や放課後を利用して子どもたちを手伝ったとのことでした。

「お守り」は十九枚の紙のカードです。一枚一枚のカードに一人ひとりのおばちゃんに対する思いを書きました。十九枚重ねて、金紙で包んだそうです。手作りのお守りはきらきらと輝いていたことでしょう。

「声のプレゼント」は、子どもたちの声を吹き込んだカセットテープでした。一年生から順にテープレコーダーの前に立ち、マイクに向かって自分の夢や遊びなどの話を吹き込みました。

先生方は、子どもたちからの三つのプレゼントに、全クラスの学級写真を添えて、絹代さんに送りました。写真には一人ひとりの名前が書きこんでありました。

年が明けて二月になったある日、絹代さんからうれしい電話がありました。体力を回復され、外出できるまでになったとのことでした。分校の都合がよい日に、お伺いしたいとのことでした。子どもたちは、おばちゃんに会う日を心待ちにしていました。先生たちも大歓迎でした。二週間後の二月十五日に絹代さんを分校にお招きすることになりました。

## 第二部　ご婦人の分校訪問

日程が決まると、絹代さんからご相談がありました。分校を訪問するにあたり、子どもたちに贈り物を考えている。物ではなく心を贈りたい、とのことでした。絹代さんのご主人は顔が広く、音楽関連のお知り合いがいらっしゃるとのこと。プロのソプラノ歌手をお迎えして、歌を歌っていただき、子どもたちに本格的な歌をプレゼントしようというのです。思いもかけないお話に分校の先生一同は驚きましたが、せっかくの貴重な機会です。喜んでお受けすることにしました。そんなわけで、絹代さんをお迎えする日の日程に一連の歓迎行事だけでなく、音楽会（ミニコンサート）が加わったのです。

決まってからが大忙しでした。子どもたちは歓迎の行事をどのように進めようか、児童総会を開いて意見を交わし合いました。合唱や合奏、学校内の案内、お土産の用意など全校児童で話し合い、早速準備にとりかかりました。先生方は、コンサートの準備です。いらっしゃるのは宮崎文化協会会員の東由子さん（ソプラノ歌手）と伴走者の甲斐磨有美さん（ピアニスト）のお二人です。体育館に置かれているピアノの点検をしたり、コンサートを告知するための看板を作ったりしました。絹代さんをお迎えする日の前日、子どもたちは教室をピカピカに磨き上げました。いつになくきれいになった教室で、黒板にチョークを使って歓迎の言葉を書き、絵を描きました。自分たちの想いを伝えようと、子どもたちは一生懸命でした。

当日は朝からよく晴れていました。二時間目の授業が終わり、絹代さんがおいでになる時刻が迫ると、子どもたちはいっせいに玄関前の廊下にならんで、歓迎のプラカードを掲げました。「内・野・々・分・校・へ・い・ら・っ・し・や・い」と、ひと文字ずつ書かれた大きめの画用紙です。絹代さんはご主人の運転する車でいらっしゃいました。

玄関から上がって来られたお二人に、子どもたちの大きな声が廊下にひびきました。

「おはようございます。ようこそいらっしゃいました。ありがとうございます」

少し硬い表情で入ってきた絹代さんのお顔がみるみる明るくなりました。分校主任がお二人を歓迎会場の教室に案内します。教室の中では分校の関係者や保護者たち、それに地域の方々が待っていました。まずお二人には黒板の前に立っていただき、歓迎式が始まりました。最初に代表の子どもが歓迎の言葉を読みました。

「今日は、遠い椎葉から分校に来ていただきありがとうございます。私たちみんなは絹代おばちゃんが学校に来られるのをとても楽しみにしていました。それで、絹代おばちゃんをお迎えするためにどうしたらよいかを、みんなで話し合いました。いろいろなことを計画しています。今日は一日、どうぞ私たちと楽しくお過ごしください」

歓迎の言葉に続けて、子どもたちは、校歌を歌いました。校歌の後は、合奏です。『勇気１００％』という曲です。元気いっぱいの演奏になりました。子どもたちが、この日のために一生懸命に練習してきたのです。

続いて絹代さんにご挨拶いただきました。

「みなさん、こんにちは！　お守りや千羽鶴など送ってくれてありがとう。みなさんの励ましのお蔭で元気になれました。今日、こうして分校に来れてうれしくてなりません。内野々分校は、私が、五十五年前に勉強した学校です。懐かしい学校に行けると思うと、昨夜はいろんなことが思い起こされ、なかなか眠れなかったですよ。学校から送られてきたみなさんの写真を見たり、声のプレゼントを聴いたりしてやっと眠れました。お世話になった分校に今来ているのが夢のようです。招いてくださったみなさんや先生方に、感謝の気持ちでいっぱいです」

絹代さんのご主人、勝実さんにもひと言いただき、来賓としてお招きした都農町の教育長にもご挨拶いただきました。

歓迎式が終わると、子どもたちは絹代さんを自分たちの教室や学級園に案内しました。そして、掲示物や栽培している花などについて紹介しました。どの子も元気な声でした。絹代さんは大きくうなずきながら、子どもの言葉に耳を傾けていました。学級園では雑草が一本も無いのに感心されたようでした。

　案内を終えると、みんなは歓迎会が行われた教室に戻りました。絹代さんに各学級からのプレゼントの時間です。絹代さんに宛てた手紙を渡したり、リコーダーの演奏を聴いていただいたりしました。全員が一人ひとり、絹代さんと握手をしました。

　コンサートまではわずか十分しかありませんでした。子どもたちは用を済ませた後、直ちに体育館に入りました。

体育館の入り口には「心の贈り物コンサート」と書かれた大きな立て看板が掲げられていました。体育館の中は人でいっぱいでした。子どもたちや保護者たちだけでなく、地域の方々や近くの保育園児もお招きしていたのです。今日の素敵な音楽会を地域のみなさんと一緒に楽しもうというのです。

ソプラノ歌手の東由子さんとピアノ伴奏者の甲斐磨有美さんが入ってくると、会場は拍手の渦に包まれました。勝実さんがおふたりをご紹介します。

「東さんは都城のご出身、東京芸大をご卒業後、外国のウィーンで勉強された宮崎県を代表するソプラノ歌手でいらっしゃいます。ピアノ伴奏の甲斐磨有美さんは、東さんが心から信頼を寄せるピアニストでいらっしゃいます」

おふたりの歌と演奏は四十分ほどだったと記憶しています。日本の民謡や童謡、シューベルトの「野ばら」など。それに加えて、「となりのトトロ」などアニメの曲も披露してくださいました。

美しい歌声が体育館に響きました。子どもたちは心のこもったピアノ伴奏と美しい歌声の虜になったようでした。滅多に触れることのできない、素敵な生の音楽は、子どもたちにとって貴重な体験になりました。

ステージを終えたお二人に、代表の子どもがお礼を言いました。都農名産のスイトピーの花束を贈りました。

最後に、コンサートの送り主である絹代さんからお話がありました。

「みなさんは、東先生と甲斐先生とのコンサートを楽しんでいただけましたか。私は歌を聴いているうちに小さい頃のことを思い出しました。私は疎開してきた家から何人かの友だちと一緒に、山を越え、松林の間を通って学校に通いました。冬は雪道に苦労しました。道の途中に犬がいて恐い思いをしたこともありました。

分校に転校してきたのは戦争が激しくなったからです。都農の浜に爆弾が落ちて男の子が亡くなりました。とても悲しい想い出です。私の家族は、命を守るために家族離れ離れになりました。私は、母や二人の姉と別れて、内野々分校に転校してきました。さびしくてなりませんでした。でも、何とか元気に過ごせたのは、分校のお友だちが仲良くしてくれたおかげです。その時の事は今でも忘れることができません。みなさんもお友だちを大事にする子、命を大事にする子になってくださいね」

会場には絹代さんの当時の同級生もいらっしゃいました。ＰＴＡ会長さんがお友だちを見つけ出し、お呼びしていたのです。六人のお友だちがお見えでした。コンサート終了後に記念写真を撮りました。絹代さんご夫妻と当時のお友だちを囲む写真も撮りました。再会を喜び合いました。懐かしさに大いに話がはずんだそうです。

教室にもどる子どもたちはコンサートの余韻でもちきりでした。

「どこからあんな高い声が出るんだろう。びっくりした！」

「アニメを見ているようだった。だってかわいい声で歌っておられたもん！」

「私のすぐ前に来られ、にこにこしながら歌われるので、とってもうれしかった！」

昼食の後、絹代さんご夫妻は午後の授業を参観されました。一、二年生が元気よく手を挙げ、はきはきと発表する姿に目を細めておられました。三、四年生は道徳の勉強でした。絹代さんは昔の教え方との違いに驚かれていました。

午後の授業が終わると、お二人とのお別れの時がやってきました。歓迎会を行った教室で、今度はお別れ式をするのです。朝とは違ってしんみりとしていました。

絹代さんが挨拶をされます。

「本日は温かく迎えてくださり、ありがとうございました。内野々分校の卒業生として仲間入りをさせていただいたという思いでいっぱいです。今日、私を迎えてくださったみなさんの気持ちを考えると、うれしくてたまりません。それにお世話になった懐かしい友だちにも会えて、昔と同じように話をしました。私は幸せです。みなさんは、おばちゃんの、ずっと忘れることのないお友だちです」

勝実さんも子どもたちや先生方に心からのお礼を言われました。

続けて、代表の子どもがお礼を言いました。

「私たちは、絹代おばちゃんが分校に来られることをうきうきしながら待っていました。今日、おじちゃんと一緒にいらしていただき、とてもうれしかったです。それに素敵なコンサートもあり、まるで夢のような一日でした。本当にありがとうございました。内野々分校はどうでしたか。楽しかったですか。またいつか、分校にいらしてくださいね」

おみやげをお二人に渡しました。学校で育てている鉢植えのサイネリアの花と、歓迎会で撮った写真・体育館で撮った記念写真です。写真にはそれぞれ、「命・心の大切さを教えてくださり　ありがとうございます　これからの交流が楽しみです」、「みんなの心が一つになった心の交流会」の言葉が添付されてありました。

いよいよ別れの時がやってきました。分校の子どもたちと先生たち全員が校庭に一列に並びました。子どもたちは、プラカードを掲げました。「あ」「り」「が」「と」「う」「ご」「ざ」「い」「ま」「し」「た」とひと文字ずつ書かれた大きめの画用紙です。おふたりの乗った車が動きはじめると、手を振りました。両手をかかげて、左右に大きく手を振る子どももいました。

「おばちゃん、おじちゃん、ありがとうございました」

「また、分校に来てくださ〜い」

大きな声で叫びました。みんなは車が見えなくなるまで、手を振り続けました。

## 第三部　分校の子どもたちの椎葉訪問

四月になり新年度の勉強が始まりました。一年生から三年生の子どもたちは、二年生から四年生になり、四年生だった子どもたちは、分校を離れて本校に通うようになりました。分校に残った四年生までの十六人の子どもたちは、絹代さんと手紙のやりとりを続けていました。絹代さんは、たまにテレビや新聞で内野々分校の出来事や子どもの作品（習字等）を見かけると、その都度、学校にお電話をくださったそうです。先生方は子どもたちにそのことを伝えるとともに、学級通信や学校通信に書きました。絹代さんの子どもたちに寄せる思いを、親たちにも伝えようとしたのです。

そんなやり取りの中で、絹代さんからお話があったのでしょうか、夏休みが近づくと、休みの期間中に、ＰＴＡのイベントとして椎葉村に遊びに行こうという話が出てきました。ＰＴＡ会長が熱心に話を進めていたようです。

海岸に近い都農から山奥の椎葉村までは約八十キロ、車で往復するだけでも半日以上かかります。絹代さんのお宅を訪問するだけでなく、村内で時間を過ごそうとすると、日帰りでは無理です。せっかくの機会ですので、子どもたちに山の自然に触れてもらいたいと考えて、村内で一泊することにしました。宿泊場所は、小学校の体育館を使わせていただくことにしました。私が都農に赴任する前に校長を勤めていた鹿野遊《かなすび》小学校に、無理を言って協力してもらったのです。キャンプファイヤーの場所も手配しました。みんなでそろって楽しく過ごすためです。

夏休みの前半は稲刈りの時期です。忙しい稲刈りが終わった八月十八日（土）、椎葉村に行く朝がやってきました。

午前八時四十分、総勢六十人の内野々分校の一行は、二台のマイクロバスと五台の乗用車で学校を出発しました。子どもたちと付き添いの親たち、そして教職員が一緒でした。途中までは道幅の広い道路が続きましたが、椎葉に近づくと急に曲がりくねった狭い道路になりました。車同士がすれ違うのがやっとになります。国道とはいえ、当時は舗装も満足ではありません。切り立った崖と深い谷がずっと続き、特に厳しい所では、子どもたちが悲鳴を上げました。

山道を二時間ほど走ると、椎葉村の入り口の駐車場があります。そこで絹代さんのご主人の勝実さんが待ち構えていました。村内を勝実さんに案内していただく段取りになっていたからです。

「みなさん、ようこそ椎葉にいらっしゃいました。お疲れになったでしょう」

勝実さんの車が、マイクロバスと乗用車を先導しました。

椎葉は自然が豊かな山村です。村には天然記念物に指定された杉と檜の大木があります。勝実さんは、まず杉の木のある神社(十根川神社)に案内してくれました。

国道をはずれて、急な坂道を数分のぼると神社の駐車場に着きました。神社の境内を歩くと、本殿の後ろに大きな杉の木が立っていました。

勝実さんが大きな声で説明されました。

「この杉の大きさにびっくりしたでしょう。八村杉と言います。根回りがなんと十九メートル、高さが約五十四メートルもあるんですよ。高さは国内で二番目です。天然記念物になっています。根っこの周りに柵がしてあるのは、観光客が根っこを踏まないようにしてあるんです。樹齢がおよそ八百年で、伝説によると平家追討に椎葉にきた那須大八郎がお手植えの杉と言われています。十根川神社が八村《やむら》大明神と言われたことから、八村杉と言われるようになったそうです」

周囲にイチイガシやトチノキの巨木が生い茂っていますが、この杉の高さははるかに抜きんでています。がっしりとした幹が堂々とまっすぐ立っており、数十メートル上から大きな枝が空を隠しています。

子どもたちは頭上の梢を見上げていたせいで首が痛くなったと言いました。杉の木の前で記念写真を撮りました。

八村杉の次は、大久保の檜です。十根川神社からさらに二、三キロ山奥にあります。

勝実さんが、腕を伸ばして檜を指しながら、再び、大きな声で説明されました。

「この檜も八村杉と同じ樹齢が約八百年と言われています。大きなたくましい枝が何本も出ていて、ものすごくかっこいいでしょう。大久保の檜と呼ばれています。幹周りが九・三メートル。高さが三十二メートル。枝は東西になんと三十二メートル、南北が三十メートルもあるんです。枝の長さが高さと同じぐらい。すごいでしょう。日本一の大檜です。大久保地区のみなさんは、今でもこの檜をここを開拓した祖先の墓印として大切にまつっているそうです」

勝実さんの説明を聴きながら、子どもたちは木の幹に掌を当てていました。長い年月を生き続けてきた幹に何かの力を感じていたのでしょうか。

お腹がすいてきました。お昼の時間が過ぎていました。勝実さんは再び十根川神社に取って返し、みんなを昼食の場に案内してくれました。

八村杉の近くに「椎葉村お食事処」と称する、ちょっとした食事のできる施設がありました。椎葉村が交流拠点として建てた観光施設で、村の集会場としての機能も兼ねていました。私たち一行のために、四名の地元のご婦人が、椎葉名物の手打ちそばを作ってくださいました。大きなお椀にいっぱい入っています。しばらくは、そばをすする音でにぎやかでした。子どもたちは「おいしい、おいしい」と言いながら夢中で食べていました。おそばを食べ過ぎたせいで、お腹がふくれて、サービスで出されたおにぎりにはほとんど手がつけられていませんでした。

昼食を済ませると、いよいよ絹代さん宅に向かって出発です。再び国道にもどり通ってきた道を引き返し、那須橋を渡って椎葉の町に向かいました。椎葉の中心地から絹代さん宅に向かう道は狭い坂道でした。マイクロバスの乗り入れができるような道ではありません。マイクロバスを近くの駐車場に停めて、徒歩で行くしかありませんでした。車から降りた子どもたちは勝実さんの先導について歩きました。

少し歩くと、道がふたまたに分かれた場所に勝実さん手作りの道案内板が立ててありました。畑や川、橋の位置が描かれ、進行方向を示す赤い矢印が書きこまれた紙がベニヤ板に貼ってありました。子どもたちは急な上り坂の連続で、息をハアハアさせていました。足も疲れてきたでしょう。子どもたちは案内板に励まされたようでした。十分ほどで絹代さんのお宅にたどり着きました。

家の入口の壁に勝実さんが書かれた歓迎の言葉が掲げてありました。

「分校の皆さん　ようこそ　しいばの里へ。ここが絹代さんの家です。左へまがり玄関へ」

墨汁と朱墨の太い文字でした。

こじんまりした家です。分校の子どもたちと同行した先生たちだけが家に上がり

ました。玄関に入ると居間に案内されました。保護者たちは家に入りきれないので部屋に面した庭に案内されました。

ふすまが取り外された居間には長机とテーブルが準備されており、その上に冷たい飲み物とお菓子が置かれていました。

「遠い所からみんなで訪ねてきてくれてありがとう。みんなに会えてうれしくてなりません。今日はあなたたちをずっと待っていたんですよ。椎葉までの道は、狭くて崖が多く、下が谷になっているのでこわかったでしょう。でもその代わり、椎葉は自然がいっぱいです。豊かな自然に囲まれているおかげで私はやさしい気持ちになれるように感じています。みなさん、疲れたでしょう。どうぞ、ゆっくりしていってくださいね」

子どもたちは、お礼に椎葉の歌を歌いました。「夢織りの里」という椎葉の歴史と自然を歌詞にした歌でした。学校で練習してきましたが、難しい歌詞なので、歌詞のコピーを手にしながら一生懸命に歌いました。勝実さんとお手伝いに来られていた椎葉村の婦人会長さんは、歌に合わせて手拍子しました。子どもたちはお菓子や飲み物をいただきながら絹代さんとおしゃべりし、三十分ほど楽しく過ごしました。

保護者たちは、障子やガラス戸がはずされていたので部屋の様子がよく分かります。絹代さんと楽しく過ごしている子どもたちの様子をうれしそうに見守っていました。

絹代さん宅をお暇した後、もと来た道を勝実さんの先導で下りました。絹代さんも同行されました。

駐車場のすぐ近くに国指定重要文化財の鶴富屋敷があります。

「今からおよそ、八百年ほど前のことです。椎葉に逃れてきた平家の残党を追討するために那須大八郎が椎葉にやってきました。ところが、平家の残党は椎葉に住みついていました。討伐する必要がなくなった大八郎は鎌倉にすべてを征伐したと報告しました。そして、椎葉の人に農耕を教えたりしました。そのうちに自分をお世話してくれていた平清盛の末族と言われる鶴富姫と恋仲になりました。二人は生まれてくる赤ちゃんを楽しみにしていましたが、鎌倉から、戻って来いとの命令を受け、大八郎と鶴富姫は別れたのです。ここは那須大八郎と鶴富姫の悲しい恋の物語の舞台なのです」

勝実さんの案内でその建物を見学しました。また、近くの民族芸能博物館にも行きました。神楽やひえつき節をはじめとする椎葉の民族文化を保存、伝承する施設です。勝実さんはこれらの建物についてもとても詳しく、子どもたちは驚いていました。めずらしそうに部屋の中を見つめていました。

最後に、マイクロバスに乗り、上椎葉ダムを見学に行きました。椎葉を流れる耳川の上流の水力発電を目的とした、日本で初めてのアーチ式ダムです。険しい山と深い谷を利用した湖（日向椎葉湖）は、水を満々とたたえていました。放水用の穴から水が猛烈な勢いで飛び出しています。子どもたちはダムの絶景を息をのんで見下ろしていました。

勝実さんとはダムの駐車場でお別れです。私たちは、十根川神社に近い広場に引き返しました。お母さんたちは広場のすぐ近くにある「椎葉村お食事処」で、地元のご婦人の協力を受けてライスカレーを作り始めました。大量のカレーを作りました。お父さんたちはキャンプファイヤーの準備をしました。前もって地元の方にキャンプファイヤーのできる場所を相談したところ、この地を紹介してくださったのです。キャンプファイアヤー用に使ってくださいと、地元の方がわざわざまきを持ってきてくださいました。子どもたちは「椎葉村お食事処」で、夕食であるライスカレーをお腹いっぱい食べました。地元の方から差し入れのあったゼンザイも食べました。

その後、キャンプファイヤーの場所に移動しました。火が焚かれると、子どもたちは明々に燃える炎に照らされながら歌を歌いました。

うす暗くなった夜道を、近くの神社の境内まで行く肝試しが始まりました。子どもたち同士数名で手をつないで歩きました。知らない土地の山の中で、子どもたちは何の姿を見たのでしょうか。悲鳴を上げる女の子もいたことを憶えています。

肝試しをすませた頃には日もとっぷりと暮れていました。一行は近くの鹿野遊小学校へと急ぎました。体育館の床に持ってきたタオルケットを敷き、バスタオルなどでお腹を覆って休みました。その夜はぐっすり眠りました。

夜が明けるとまた再び「椎葉村お食事処」に行きました。お母さんたちが、地元のご婦人の協力を得て作った朝ごはんを食べました。

帰宅の支度をしていると、絹代さんご夫妻がお別れに来られました。

「みなさんが、遠い椎葉まで来てくれて本当にうれしかったです。どうもありがとう。半年ぶりの再会でしたが、みなさんが大きくなっていたのでびっくりしました。私たちはこれからもみなさんの成長を見守っています。どうか今日の想い出を忘れないでくださいね」

子どもたちはこの日のことを忘れませんでした。五年後、中学生、高校生になった子どもたちは、保護者を伴って、もう一度椎葉を訪れました。当時の先生方お二人と、私も参加しました。椎葉の旅館に絹代さんご夫妻をお招きしました。そして、絹代さんご夫妻の分校訪問や子どもたちの椎葉の旅の写真をスクリーンに大きく映し出しました。食事を共にしながら、子どもたちは当時の想い出話にひたっていました。

# 四　生きる勇気を子どもたちに（困難に負けない力）

## 国富町立木脇小学校での取り組み

二〇〇二年（平成十四年）四月に私は最後の勤務校となる国富町の木脇小学校に赴任しました。この学校は私の母校です。一九五六年（昭和三十一年）三月に卒業した想い出深い小学校でした。

木脇小学校に赴任して二年目のある日、四年生を担任する先生が校長室に入って来られました。

「すみませんが、出張のため来週木曜日は出勤できません。私のクラスの授業を、他の先生方と調整していますが、よろしければ校長先生も一時間お願いできないでしょうか。どんな教科でも構いません」

校長として子どもたちと触れ合う機会の減っていた私は喜んで引き受けました。とは言うものの、管理職になって十年近くにもなり、授業からすっかり遠ざかっています。子どもたちの信頼厚い先生の代わりを、どのように務められるだろうかと思案しました。その時、思い出したのが、えびの市の学校で教員をしていた時の道徳授業の題材でした。当時の資料は担任時代の想い出として、段ボールの中に大事に保管してありました。

一九八一年（昭和五十六年）十月二十二日（木）のことです。えびの市の小学校で六年生を教えていた私は、宮崎日日新聞の大きな記事に目がとまりました。日本で開かれた第一回国際アビリンピック（身体障害者技能競技大会）の開会式（東京体育館）で、宮崎県出身の日高喜代子さん（二二）が、世界の選手を代表して、五十五か国（地域）からの競技選手、関係者計約四千人の前で選手宣誓をしたというのです。写真入りで、紙面の大部分を使って紹介されていました。

国際身障者技能大会開く
本県代表の日高さんが宣誓
選手宣誓をする本県代表の日高喜代子さん

宮崎日日新聞社掲載
1981（昭和56）年10月22日（水曜日）

「車椅子に乗った本県代表の日高喜代子さんが世界の選手を代表して選手宣誓をしたのだ。目がきらきらと輝き、落ち着いた見事な選手宣誓だった。中学三年の時、登校中に突っ込んできた乗用車にはねられ、セキ髄を損傷。寝たきりの生活を四年間送ったあと、宮崎東高（通信教育四年）を卒業。休む間もなく、同じ障がい者で写植業を営む外山良治さん（三三）（宮崎市田吉）のところに飛び込み、腕を磨いてきた。血のにじむような努力と、静かだが、うちに秘めた根性が大役に結びついた」

厳しい試練を見事に乗り越え、自分の夢を果たした喜代子さんの努力に、私は感銘を受けました。

二日後の二十四日（土）の新聞には、喜代子さんが写真植字部門の競技で金メダルを獲得されたことが、写真入りの大きな記事で掲載されました。写真植字というのは、タイプライターとカメラが合わさったような大きな機械で、タイプライターと同じように操作して、印画紙に文字を印字することだそうです。

そして、翌日（日）の新聞では、「笑顔いっぱいの帰県　日高さん、金のお土産手に」という見出しとともに、前日（土）に宮崎に帰られ、県庁広場で県知事の出迎えを受けている様子が、写真入りで大きく掲載されていました。

記事の中では日高喜代子さんが国富町岩知野の出身であることが紹介されていました。お住いの国富町岩知野といえば、私の出身地である木脇地区の隣りで車で数分の所です。私の母校、木脇小学校の校区ではありませんか。私は居ても立ってもいられない気持ちになりました。何とかして喜代子さんにお会いできないものか。喜代子さんの、災難に負けることなく困難に立ち向かった経験を、六年生の多感な子どもたちに伝えることはできないものか、と考えたのです。

そう思った私は、新聞を読んだ後、カメラとテープレコーダーを携え、国富町に向かいました。岩知野地区に入り、通りがかりの人に尋ねると、喜代子さんの家はすぐに見つかりました。私の同級生のご近所でした。玄関に喜代子さんのお母様が出ていらしたので、私は自分が隣の木脇地区出身で、現在えびの市の小学校教師であることを告げました。

「喜代子さんの快挙に感激しています。まだお疲れも癒えないはずですが、もし、お許しくだされば、喜代子さんからお話をお聞きしたいのですが……。困難を乗り越え栄冠を勝ち取られた喜代子さんのお話を、子どもたちに伝えたくてやってきました」

喜代子さんの部屋に行かれたお母さんが、笑顔でもどって来られました。

「会うそうです」

しばらくすると、喜代子さんがにこにこしながら出て来られました。お疲れの体ですのに、私の無理なお願いを快く聞き入れてくださいました。交通事故に出遭ってから、国際アビリンピックで金メダルを取るまでの気持ちや行動を、時折、涙を浮かべながらお話してくださいました。写真撮影も録音も許してくださいました。

取材を終えてえびの市に帰った私は、テープレコーダーの声を聞き直し、翌月曜日の授業に備えました。

翌朝、私はこのテープを使って、道徳の授業を行いました。教室に声が流れました。

「……中三の時でした。修学旅行が終わって一週間ほど後のことです。高校進学のための補習を受けるため、友だち三人と午前七時前に歩道を歩いて学校に向かっていると、カーブの所でスピードを出し過ぎた車が突っ込んできました。私は車の下敷きになりました。付添いの両親に、医師が、一生歩けないと言われたそうです。私はショックでした。死にたいと思いました。

でも、自分と同じ境遇の人が車椅子バスケットで頑張っているのを見て、私は急に頭をガーンとなぐられたように感じました。障がい者でもやる気になれば、できるんじゃないかと考えるようになりました。運転免許をとるようにすすめられた時には交通事故のせいでこういう目にあったので、車を運転することには抵抗感がありました。でも、社会に出るにはやっぱり足に代わるものが必要ですから、足を使わない手動式の車の免許をとりました。

私は宮崎県代表として、東京で開かれた全国身体障害者技能大会（写植の部）に出場し、金メダルを取りました。アビリンピックの日本代表に決まったのです。それからが苦労しました。

国内大会では和文でしたが、国際大会となると、全部英文タイプなんです。普通の仕事は和文ばかりで英文を打ったことがありません。だから、基礎から練習し直しで、辞書を引っ張り出して、大変でした。朝八時半から午後五時半ごろまで仕事をしますから、練習はその後です。軽い食事をして十時頃まで練習して、帰るのが十時半です。家には寝に帰るぐらいです。だから夜一人で車を運転して帰るとき、何で私がこんな苦しみにあわなくてはいけないだろうかと考えたものです。でも、アビリンピックで金メダルを取るのが夢でしたから、金メダルを取るまでは取るまでは、と頑張ってきました」

声を詰まらせながら、つらい思いを語っていました。子どもたちは、涙を流して聴いていました。相次ぐ試練に、悩み、苦しみながらも頑張り抜かれる喜代子さんの気持ちが、テープレコーダー越しに伝わったのでしょう。どの子もじっと耳をすまして聴いていました。授業の後、子どもたちに、喜代子さんの活躍を伝える新聞記事を見せました。車椅子姿の喜代子さんの姿を見て、子どもたちは、改めて何かを感じたようでした。

その八年後、一九八九年（平成元年）九月に、私はえびの市の別の小学校の教壇に立っていました。五年生を担任していましたが、この時の資料を使って道徳の授業をしたことがありました。道徳教育（高学年）の指導内容の一つの、「障害や失敗にもくじけないで、ねばり強くものごとをやり遂げる心情を育てる」授業をした時に、その資料を使用したのです。この期の子どもは、学習面でも生活面でも、計画は立てることができても、うまく実践できないという課題がありました。アンケート調査をした結果、良い目標を立てながらクラスの半数の子どもが途中で挫折していることが分かりました。

授業のねらいを「正しい目標の実現のために、障害や失敗にもくじけないでやり通そうとする心情を育てる（不撓不屈）」としました。「気づく」「考える」「分かる」の三段階で授業を進めました。

「気づく」段階で、それぞれの子どもに目標を立てた後の実践についてうまくいっているかどうかをたずねました。ほとんどの子どもが、最初は頑張っていても、いつの間にかやる気をなくし、うまくいっていないと答えました。

「考える」段階で、テープレコーダーで喜代子さんの声を聴いてもらいました。そして喜代子さんの、金メダルを取るまでの苦しみや行動について、思ったこと、感じたことを発表してもらいました。友だちの発表を聴く中で子どもたちは、喜代子さんが栄冠をつかむまでにどれほど苦しい目にあわれてきたか、その苦しみにくじけないでどれほど頑張ってこられたかがよく分かったようでした。

「わかる」段階で、子どもたちに、目標倒れの経験について話し合ってもらいました。その原因を尋ねますと、「疲れてしまったので」「忙しかったから」「面倒くさかったから」など述べていました。喜代子さんの苦しみとは比較にならないほどのささやかな困難で、やる気を無くしていることが分かったようでした。私はこの授業を通して、喜代子さんの、あらゆる困難を乗り越え、自分の夢を実現されたたくましい精神力を子どもたちに見習ってほしいと思ったのです。

そして迎えた二〇〇三年、木脇小学校の校長であった私は、日高喜代子さんがこの小学校の出身だったことを思い出していました。二十年前の資料は、私の手元にまだ残っていました。段ボール箱から引っ張り出した資料を見直していると、当時のことが生々しく思い出されます。二十年も昔のことを、二十一世紀を生きていく子どもたちにどう伝えようかと考えていた私は、資料をまとめ直す必要性に気づきました。当時の新聞記事や写真をスキャナーで取り込み、デジタル化する中で、どうしても確認したいことがあり、再度、喜代子さんとコンタクトをとり、お話をうかがったりもしました。彼女は昔と変わらずお元気で、つらい記憶は遠い思い出話になっていました。そんなわけで、段ボールに収められていた古びた資料は、今の子どもたちに訴えかけるプレゼンテーションによみがえりました。

授業前日の職員朝会で、私は先生方に、道徳の授業をするようになった経緯を話し、学習指導案とともに、当時の新聞記事のコピーを配りました。出来たばかりの資料を示しながら授業の進め方について説明しました。先生方には、手作りの教材を使った授業の例として役立てていただきたいと思ったのです。

当日の授業に七名の先生が参観に来られました。私は四年生に、「気づく」「考える」「分かる」の三つの指導過程で授業を進めていきました。子どもたちに、喜代子さんの不撓不屈の精神をよりよく学んでもらうためです。はじめに日高喜代子さんが木脇小学校の出身であることを伝えました。親近感をもってもらうためです。

プレゼンテーションでは、スライドを次々に映しながら当時の喜代子さんの言葉で説明しました。小学校五年生の遠足、六年生の修学旅行、中学校三年生の修学旅行、いずれの写真も楽しそうです。そして交通事故。人生が一転したのです。もう楽しそうな笑顔は見られません。高校の卒業記念写真にも笑顔はありませんでした。

子どもたちは、表情の変化に気づいたのでしょう。ショックを隠し切れない様子でした。

高校卒業後、職場で熱心に仕事をする姿を見ながら、全国身体障害者技能競技大会、そしてアビリンピック出場を目指して努力を重ねた話を聞いて、子どもたちは確かな何かを感じ始めました。

プレゼンテーションを見終わった子どもたちは、しばらくしんとしていました。不慮の事故に遭っても、そこから立ち直り、新たな目標を向けて努力し、自分の夢を実現した、その強い精神力を感じてくれていたのでしょうか。私は子どもたちに困難に打ち勝ち、強く生きていくことの大切さを説いていました。

子どもたちはもとより学校の先生方も、この小学校の出身者にこのような体験をされた人物がいたことを知るはずはありませんでした。授業を参観された先生方からの要望で、私は当時の四年生から六年生までの全クラスで同様の授業をくり返すはめになりました。せっかくの機会でしたので、各クラスの子どもたちには授業後、感想文を書いてもらうことにしました。

## 子どもたちの感想

「この話は、ぼくに元気をあたえてくれました。くじけたら、最後、あきらめてはいけないことを学びました」

「私も簡単にあきらめず、いっしょうけんめいにがんばろうという気持ちになりました」

「新しい何かが見つけられたような気がします。どんなことでも最後まできちんとがんばってこうということです」

「勇気をもらったような気がします」

「何に対しても前向きになって、できないと思った事もがんばってチャレンジしていきたい」

「どんなに苦しい出来事があっても、決してあきらめないという勇気をもった喜代子さんに会ってみたいなあと思いました」

　二十年の時を超えて、私の資料は子どもたちに学びを与えてくれました。自分と同じ小学校の出身者だったせいもあるでしょう。身近に感じられたことも確かです。授業を参観していただいた先生方にも、感じることがあったと思います。地域や実情に即した「教材」を手作りすることの大切さ、その効果の大きさが伝わったのかもしれません。

# おわりに

ここに紹介している子どもたちとの記録は、極めて古いですが、まとめていますとみんなの笑顔が目に浮かび、弾んだ声が聞こえてくるようでした。それだけ楽しい思いをさせていただいたからでしょう。

子どもは何と純真な心をもっているのでしょうか。身近な所で起きている人々の善意に気づきますと、感激、感謝し、びっくりするほどの真心と優しさとでその善意に応えていったからです。その姿は保護者をはじめ周囲の人々をも夢中にさせていきました。まるで燃え広がる野火のようでした。その野火が子どもの心の炎をさらに燃え上がらせていったような気がします。

いずれの学校でも交流が始まると、子どもたちが俄然明るくなり、生き生きと登下校するようになりました。そして、真心・感謝・協力・頑張りなど生きていく上で大事なことを学んでいきました。教育で、縁を活かすことの大切さを思い知らされました。

淋しいことですが、林正彦様は、子どもと再会して、わずか半年後に、肺ガンで亡くなられました。子どもたちはあまりの悲しみに泣き続けたそうです。実は、新聞報道で写真の贈り主を探す子どもたちに、いたく感激したご婦人（鈴木さん）がいらっしゃいました。林さんの奥様は、そのご婦人と共に、三重から、中学校卒業式や成人式の御祝に駆けつけるなど、子どもたちを長年に亘って見守り続けてこられました。淋しいことですが、奥様も故人となられました。長野の藤本綾子様、三重の林正彦・ふじご夫妻、そして、一昨年五月に亡くなられました黒木絹代様には、人間として最も大事なことを教えていただきました。感謝の気持ちでいっぱいです。ご冥福を心よりお祈り申し上げます。

私は三十八年間の教職生活で、実に多くの出会いがあり、みな様のお蔭で、すばらしい想い出ができました。子どもたち、先生方、保護者をはじめ、お世話になりました多くのみな様に深謝し、併せて、みな様のご健康・ご多幸をご祈念申し上げ、お礼の言葉にかえさせていただきます。

最後になりましたが、私に教育実践録を世に出すようにと強く薦めてくださり、ご助言、ご支援賜りました元宮崎市中学校長会長の水元重夫様、日本講演新聞編集長の水谷もりひと様に心よりお礼申し上げます。

齋藤　正健

◆著者略歴

**齋藤 正健**（さいとう まさたけ）

1943年宮崎県生まれ。
宮崎大学学芸学部卒業後、1966年4月高千穂町立岩戸小学校に赴任し、教師としての生活が始まる。学級担任の27年間、自分のカメラで全ての子どもとツーショットを撮る。学校行事や宮崎国体・秋の遠足などでのご縁を教育に活かし、作文教育・心の教育に力を入れる。1989年宮崎県教育委員会より半年間の筑波大学での内地留学（国語）。1992年には42日間、文部省中央研修に派遣される。小学校の教頭3校、校長3校を経て退職。退職後は国富町の教育相談員として不登校生の教育支援に当たる。2023年に全国連合小学校長会75周年記念式典で、文部科学大臣より小学校教育振興の功労者感謝状が授与される。現在は国富町の民生・児童委員。

先生と子どもたちの
本当にあった物語

2024年5月27日　初版第1刷発行

著　者　齋藤 正健
発行者　池田 雅行
発行所　株式会社 ごま書房新社
〒167-0051
東京都杉並区荻窪4-32-3
AKオギクボビル201
TEL 03-6910-0481（代）
FAX 03-6910-0482
編集協力　日本講演新聞
カバーデザイン　如月 いくみ
DTP　海谷 千加子
印刷・製本　精文堂印刷株式会社


ISBN978-4-341-08860-6 C0030